HEYNE BÜCHER SACHBUCH

10. 9/91

(dpa)

Michaela Wimmer / Stefan Braun
Joachim Spiering

Brennpunkt Jugoslawien

Der Vielvölkerstaat in der Krise
Hintergründe, Geschichte, Analysen

WILHELM HEYNE VERLAG
MÜNCHEN

HEYNE SACHBUCH
Nr. 19/203

Eine TRANSMITTER-Produktion
Redaktion: Bernhard Michalowski

Printed in Germany 1991
Umschlagfoto: action press, Hamburg
Umschlaggestaltung: Atelier Adolf Bachmann, Reischach
Herstellung: Dieter Lidl
Grafik: Design-Studio Fleischer, München
Satz: Satz & Repro Grieb, München
Druck und Verarbeitung: Pressedruck, Augsburg

ISBN 3-453-05543-8

INHALT

Jugoslawien und seine Nachbarn
UdSSR
ÖSTERREICH
Budapest
UNGARN
Ljubljana
Zagreb
RUMÄNIEN
JUGOSLAWIEN
Belgrad
Bukarest
Sarajevo
ADRIATISCHES MEER
Sofia
BULGARIEN
Skopje
Tirana
Istanbul
ITALIEN
ALBANIEN
TÜRKEI
GRIECHENLAND
Kartenausschnitte
UdSSR
Öster-
reich
Ungarn
Rumänien
Jugoslawien
Bulgarien
Albanien
Italien
Griechenland
Türkei
IONISCHES
MEER
N
Staatsgrenze

Die Balkanhalbinsel
ÖSTERREICH
Ljubljana
Budapest
Zagreb
UNGARN
JUGOSLAWIEN
Belgrad
Sarajevo
ADRIATISCHES MEER
RUMÄNIEN
Bukarest
Skopje
Tirana
Sofia
ALBANIEN
BULGARIEN
GRIECHENLAND
SCHWARZES MEER
Istanbul
Athen
ÄGÄISCHES MEER
TÜRKEI
Staatsgrenze
N

›Bürger-Krieg‹?

(Keystone)

Vorwort

Jugoslawien steht am Scheideweg: Siegt im Vielvölkerstaat der Wille, auch künftig an einem Strick zu ziehen? Oder bricht das Land - wie viele prophezeien - schon bald auseinander? Droht den 24 Millionen Kroaten, Serben, Slowenen, Makedoniern, Montenegrinern und Bosniern gar ein verheerender Bürgerkrieg?

Die Zeichen stehen auf Sturm. Der tot geglaubte Konflikt zwischen den Nationalitäten, aber auch wirtschaftliche Egoismen und der pure Machthunger einzelner Politiker sorgen spätestens seit Ende der achtziger Jahre für eine explosive Stimmung, die Jugoslawien an den Rand des ›staatlichen Abgrunds‹ geführt hat.

Die Gewalt als Mittel nationalistischer Auseinandersetzungen hat zudem eine lange Tradition auf dem Balkan - und in Jugoslawien. Erst der Sieg der Partisanen gegen die deutschen Besatzer ließ die Anhänger des Einheitsstaates hoffen. Allen voran Josip Broz Tito, der von der Überzeugung geleitet war, die unterschiedlichen Völker auf einen jugoslawischen Weg führen zu können. Durch seine Rolle in der Bewegung der Blockfreien erwarb sich Tito viele Sympathien in der Welt. Zu Hause dagegen gelang es ihm nur scheinbar, mit straff geführter Einheitspartei und ökonomischem Sonderweg, die Konflikte zu beseitigen.

In den Tagen, in denen dieses Buch fertiggestellt wird, ist die Zukunft Jugoslawiens völlig offen. Ob Trennung oder gemeinsame Neuordnung, ob auf friedlichem Wege oder mit Waffengewalt, eines ist sicher: Der Staat Jugoslawien - so wie er von Tito geschaffen wurde - ist jetzt schon Geschichte.

Die Autoren *München, im Juni 1991*

Vor allem im Osten und Süden arbeiten – wie in Vojvodina –
noch immer viele Menschen in der Landwirtschaft. (Ullstein)

Der Vielvölkerstaat - ein sozialgeographischer Überblick

Jugoslawien liegt im Nordwesten der Balkanhalbinsel, wobei allerdings die nördlichen Randgebiete des Landes, das heißt die Halbinsel Istrien, Slowenien und die Gebiete nördlich der Flüsse Save und Donau, nicht mehr zum Balkan, sondern zu Mitteleuropa gerechnet werden. Aufgrund seiner geographischen Lage galt Jugoslawien lange Zeit als Bindeglied zwischen Europa und Asien. Während Jugoslawien durch die Öffnung der osteuropäischen Staaten und der Sowjetunion seine strategisch und politisch bedeutsame Rolle als Tor zum Osten teilweise eingebüßt hat, bleibt das Land als Nord-Süd-Verkehrsverbindung (Autoput) weiterhin wichtig.

Mit einer Gesamtfläche von 255 804 Quadratkilometern ist Jugoslawien kleiner als die Bundesrepublik, aber immerhin größter südosteuropäischer Staat. Auf einer Länge von 3000 Kilometern grenzt Jugoslawien im Westen an Italien, im Nordwesten an Österreich, im Norden an Ungarn, im Osten an Rumänien und Bulgarien und im Süden an Griechenland und Albanien. Eine natürliche Grenze bildet die 2092 Kilometer lange Adriaküste Jugoslawiens, wodurch Jugoslawien nicht nur balkanische, kontinental-europäische, sondern auch mediterrane Züge erhält. Drei Viertel der jugoslawischen Staatsfläche sind Gebirge und Hochebenen, die sich von Nordwesten nach Südosten erstrecken. Zentrum bildet das stark verkarstete Dinarische Gebirgsmassiv, das an der Adria nur einer schmalen Küste Raum läßt und den Zugang ins Landesinnere erschwert. Im Nordosten Jugoslawiens dagegen setzt sich die ungarische Tiefebene fort: Die Donau, die Drau (Drava), die Save, und die Theiß (Tisa) sowie zahlreiche Nebenflüsse prägen hier das Landschaftsbild. Weitere bedeutende Flüsse sind die Morava und die Vardar, deren Täler eine wichtige Verkehrsverbindung von Norden nach Süden darstellen. Entlang des schmalen, oft felsigen und buchtenreichen jugoslawischen Küstenstreifens herrscht Mittelmeerklima mit sehr warmen und niederschlagsarmen Sommern und milden, regenreichen Wintern. Der Kamm des Dinarischen Gebirges stellt allerdings eine

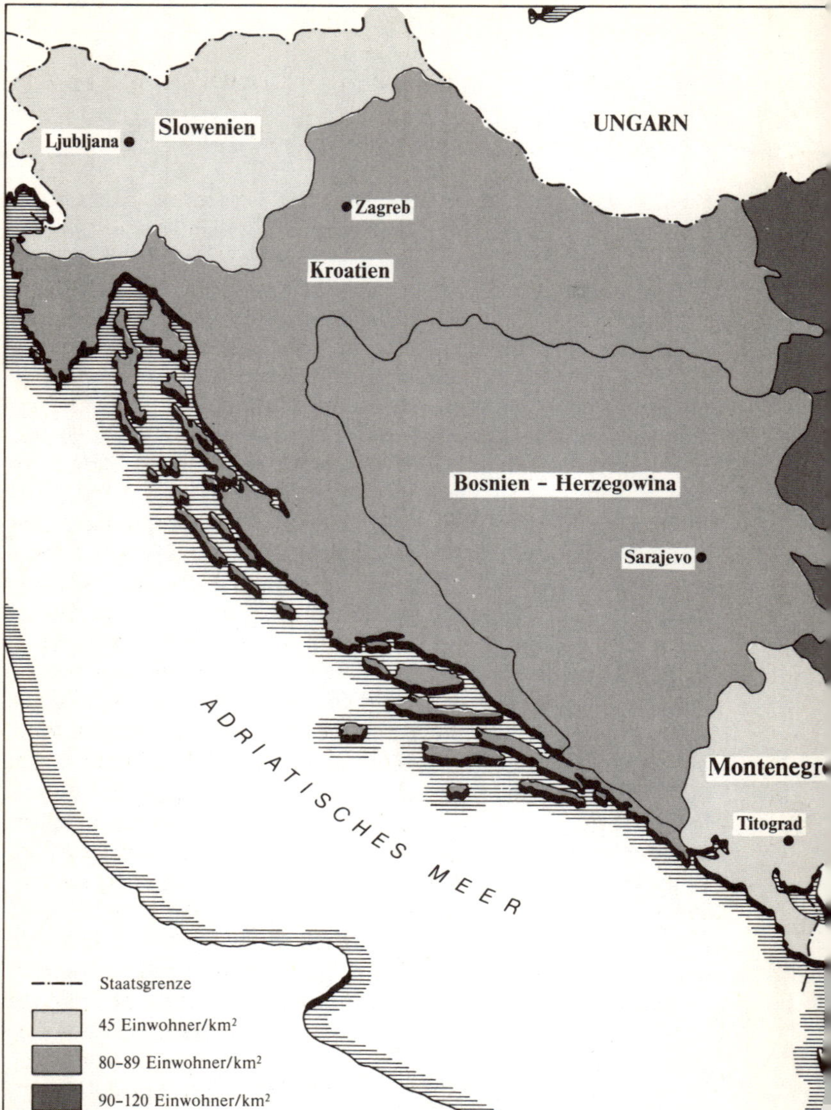

Slowenien
Ljubljana
UNGARN
Zagreb
Kroatien
Bosnien - Herzegowina
Sarajevo
Montenegr
Titograd
ADRIATISCHES MEER
Staatsgrenze
45 Einwohner/km²
80–89 Einwohner/km²
90–120 Einwohner/km²
170 Einwohner/km²

Klimascheide dar: Auf der östlichen Seite ist das Klima ein gemäßigtes Kontinentalklima.

Die besondere Lage Jugoslawiens als Schnittstelle unterschiedlicher historischer und kultureller Einflüsse aus Ost und West bedingt die ethnische, sprachliche und religiöse Zersplitterung des Vielvölkerstaates. Ein jugoslawisches Volk gibt es nicht: In Jugoslawien leben vier slawische Nationalitäten, wenn man die Montenegriner dazu zählt sogar fünf, darüber hinaus Moslems, die seit 1971 als Nationalität betrachtet werden, sowie zahlreiche slawische und nichtslawische Minderheiten. Die verschiedenen Nationalitäten gehören zudem unterschiedlichen Religionen an: Etwa 32 Prozent sind Katholiken (die Slowenen, die Kroaten und zum Teil die Albaner), 36 Prozent Serbisch-Orthodoxe (die Serben, die Montenegriner und Makedonier), 12,3 Prozent Moslems (die Bosnier und die meisten Albaner). Die übrigen sind Protestanten, Juden oder andere Gruppen. Sie sprechen schließlich auch unterschiedliche Sprachen und Dialekte und verwenden sogar zwei Alphabete.

Maribor
UNGARN
Celje
Ljubljana
Zagreb
Triest
Opatija
Karlovac
Rijeka
Sisak
Osijek
Sombor
Vinkovci
Bos. Novi
Banja Luka
Doboj
Tuzla
Zenica
Knin
Sarajevo
Split
Mostar
Foča
ADRIATISCHES MEER
Dubrovnik
Zelenika
Bar
Staatsgrenze
Wichtiger Flughafen
Wichtige Bahnverbindung
Wichtige Straßenverbindung

Die wichtigsten Verkehrsverbindungen

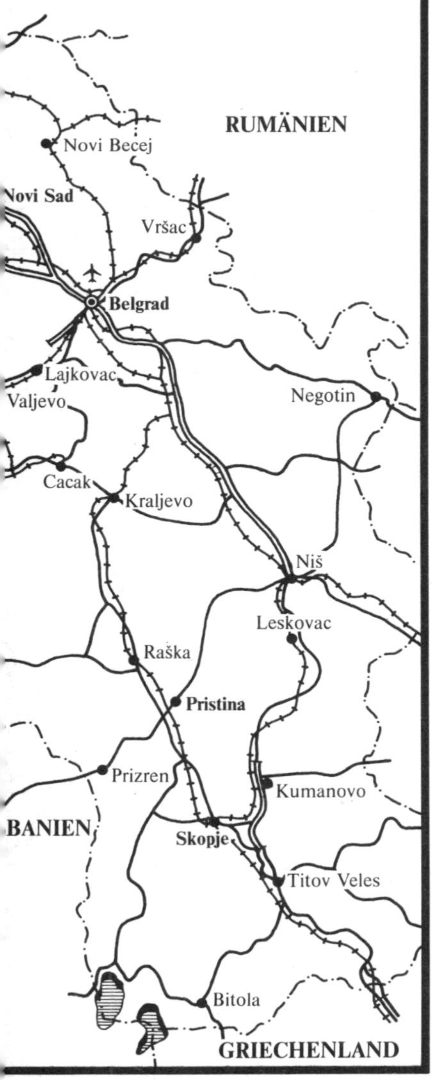

Die stärkste Volksgruppe sind die Serben (36 Prozent), von denen etwa drei Viertel in der Republik Serbien und die übrigen als Minderheiten in den anderen Republiken leben. Zweitgrößte Volksgruppe sind die Kroaten (19,8 Prozent), die zumeist in ›ihrer‹ Republik Kroatien leben. Drittstärkste ›Nation‹ sind die Moslems (8,9 Prozent), die vor allem in Bosnien-Herzegowina leben und sich selbst weder als Serben noch als Kroaten betrachten. Im Gegensatz dazu zählen jedoch die in Makedonien wohnenden und makedonisch sprechenden Moslems als Makedonier. Die Slowenen bilden mit 7,8 Prozent die viertgrößte Gruppe. In der autonomen Provinz Kosovo in der Republik Serbien ist die Bevölkerungsmehrheit aufgrund der hohen Geburtenrate der Albaner inzwischen albanisch (90 Prozent). Insgesamt stellen die Albaner mit 7,7 Prozent die fünftgrößte Volksgruppe dar und die Makedonier mit sechs Prozent die sechstgrößte. Die hauptsächlich in Montenegro lebenden Montenegriner stellen 2,6 Prozent der jugoslawischen Bevölkerung. Etwa 1,9 Prozent sind Ungarn. Die übrigen Völker - Roma, Türken,

Slowaken, Rumänen, Bulgaren, Walachen, Ukrainer, Tschechen und weitere haben jeweils nur einen Anteil von unter einem Prozent. Die noch vor dem Zweiten Weltkrieg bedeutende Volksgruppe der Deutschen ist heute, nach Krieg, Vertreibung und Aussiedlung, kaum noch vertreten. Etwa fünf Prozent der Bevölkerung - vor allem Staatsbeamte, Militärs und Intellektuelle - bezeichnen sich selbst als Jugoslawen.

Die Serben, Kroaten, Montenegriner und die Bewohner Bosnien-Herzegowinas sprechen Serbokroatisch, die Slowenen Slowenisch und die Makedonier Makedonisch. In den Minderheitengebieten wird in der Regel auch die jeweilige Muttersprache gesprochen. Für die Angehörigen der Minderheiten gibt es auch besondere Schulen, während im übrigen in der jeweiligen Republiksprache unterrichtet wird. Aber nicht nur die Sprachen unterscheiden sich in Jugoslawien, sondern auch die Schrift: So werden sowohl lateinische als auch kyrillische Buchstaben verwendet.

Insgesamt hatte Jugoslawien Mitte 1989 etwa 24 Millionen Einwohner, wobei sich das Bevölkerungswachstum von 9,5 im Jahre 1975 auf 6,1 Prozent im Jahr 1987 verringert hatte. Eine gegenläufige Tendenz weist allerdings die albanische Bevölkerungsgruppe auf, deren Wachstumsrate zu den höchsten Europas zählt. Die autonome Provinz Kosovo, das Hauptwohngebiet der Albaner, ist denn auch mit 169,7 Einwohnern pro Quadratkilometer das am stärksten besiedelte Gebiet. Die geringste Bevölkerungsdichte weist die Teilrepublik Montenegro mit 45,3 Einwohner je Quadratkilometer auf.

Die Geschichte

Die südslawischen Völker

Im ausgehenden vierten Jahrhundert unserer Zeitrechnung beginnt - im Zuge der großen Völkerwanderungen - die Ausbreitung und die Landnahme der Slawen. Bereits im sechsten Jahrhundert erreichen sie auf dem Balkan die Regionen Thrakien, Makedonien, Griechenland und Dalmatien und lassen sich dort nieder. Die weiträumige Verbreitung und die unterschiedlichen historischen Voraussetzungen sind Ursachen dafür, daß sich in der Folgezeit einzelne Stämme und Völker herausbilden. Während die Ukrainer, die Weißrussen und die Großrussen zu den Ostslawen und die Polen, Tschechen, Sorben und Slowaken zu den Westslawen gezählt werden, gelten die Slowenen, Kroaten, Serben und Bulgaren als Südslawen. Diese Aufspaltung der slawischen Volksstämme geht mit einer Differenzierung der einzelnen Dialekte - und der unterschiedlichen geschichtlichen Entwicklung der südslawischen Völker - einher.

Die Slowenen geraten Ende des achten Jahrhunderts unter die Herrschaft der Franken. Das Siedlungsgebiet der Slowenen in Kärnten, Krain und in der Steiermark erhält - nach der Übernahme des römisch-katholischen Christentums mit den dazugehörigen gesellschaftlichen, wirtschaftlichen und rechtsgeschichtlichen Ausprägungen - einen nahezu mitteleuropäischen Charakter. Trotz einiger unbedeutender Veränderungen der politischen Rahmenbedingungen und trotz der andauernden Fremdherrschaft verläuft die Geschichte der Slowenen ohne große Brüche.

Die einzelnen Volksstämme der Kroaten, Serben und Bulgaren gründen schon kurz nach ihrer Ansiedlung selbständige Königreiche.

In Kroatien entsteht Anfang des zehnten Jahrhunderts eine der römischen Kirche zugewandte Monarchie. Nach dem Tod Königs Stefan II. fällt das Reich mangels Thronfolger an die Ungarn. Unter Stefans Schwager, König Ladislaus I. von Ungarn, kann das »Dreieinige Königreich« Dalmatien-Kroatien-Slawonien seine Landesgesetze und eine gewisse Autonomie bewahren. Zusammen mit Ungarn gerät es 1526 unter die Herrschaft der Habsburger. Das Bekenntnis zu Rom und die Herrschaft des Adels sind die Hauptmerkmale im Kroatien des Mittelalters.

Wie das bulgarische Königsreich so konnte auch das serbische Königreich bis gegen Ende des 14. Jahrhunderts seine Unabhängigkeit bewahren.

In den sieben Jahrhunderten politischer Selbständigkeit gestalten die Serben ihren Staat zu einem Feudalsystem nach mitteleuropäischem Vorbild. Unter Herrschaft der Nemanjiden wird das serbische Reich auf dem Balkan zu einer Macht. Stefan Nemanja (1168 bis 1196) gründet das eigentliche serbische Königreich, in dem bis 1371 insgesamt sieben Könige und zwei Kaiser über die Geschicke des Landes bestimmen. Den Gipfel der Macht erreichen die Serben unter Stefan Dusan (1331 bis 1355), der sich am 16. April 1346 in Skopje - der heutigen Hauptstadt der Republik Makedonien - zum »pravoslawischen Kaiser und Selbstherrscher der Serben, Griechen, Bulgaren und Albanesen« krönen läßt. Bewußt übernimmt er Traditionen und Zeremonien des byzantinischen Reiches, um sich als Nachfolger Ostroms auszuweisen. Das Aufeinandertreffen oströmischer und abendländischer Einflüsse sorgten indes für eine einmalige Verschmelzung der Kulturen; ein zweites Byzanz wird sein Reich jedoch nicht. Ein wesentliches Merkmal Serbiens im Mittelalter ist die - im Einflußbereich der oströmischen Kirche übliche - Verknüpfung von Klerus und Staat zu einem theokratischen Herrschaftssystem.

Das Ende des Königreichs von Serbien wird durch die Niederlage des serbischen Heeres in der Schlacht auf dem Amselfeld besiegelt. Nach unserer Zeitrechnung unterliegen die Serben den anstürmenden Osmanen am 28. Juni 1389: die ›Tragödie von Kosovo‹. Erst Jahrhunderte später können sie sich nach den Aufständen von 1804 unter dem »Schwarzen Georg« Karadjordje und 1813 unter seinem Rivalen Milos Obrenovic allmählich von der türkischen Herrschaft befreien. Der ›Kosovo-Mythos‹ trägt bis in die Gegenwart zum gespannten Verhältnis zwischen den Serben und den im Kosovo lebenden muslimischen Albanern bei. Allzu schnell werden die in Kosovo lebenden Albaner auch heute noch mit den herrschenden Osmanen von damals gleichgesetzt.

Die Geschichte Bosniens stellt einen Sonderfall dar: Obwohl

stärker als Serbien den Expansionsbestrebungen der römischen Kirche ausgesetzt, etabliert sich in Bosnien die im zehnten Jahrhundert in Bulgarien entwickelte Lehre der Bogomilen und fördert die Gründung einer selbständigen ›bosnischen Kirche‹. Sowohl der Katholizismus als auch die Orthodoxie werden abgelehnt, und das trennt die in Bosnien lebende Bevölkerung von ihren Nachbarn, den Katholiken in Kroatien und den Orthodoxen in Serbien. Entsprechend treten im Anschluß an den Sieg der Osmanen 1463 zahlreiche Bauern und ein erheblicher Teil des Adels - auch um sich abzutrennen - dem Islam bei; wenig später konvertieren viele Grundherren zum islamischen Glauben. Zu Beginn des 17. Jahrhunderts sind nahezu drei Viertel der Menschen in Bosnien Mohammedaner.

Vor allem in Bosnien und in Montenegro wirkt sich die osmanische Herrschaft auf die Struktur der Gesellschaft aus: Sippe und Stamm entwickeln sich zu Hauptbestandteilen der gesellschaftlichen Ordnung, gekennzeichnet durch einen stark ausgebildeten Gemeinschaftssinn und dem Vorrang kollektiven Eigentums - zum Teil im völligen Gegensatz zu den Feudalstrukturen im Machtbereich der Habsburger.

Die sich im 17. Jahrhundert herausbildende Agrarverfassung sowie eine zunehmende Willkür unter den osmanischen Statthaltern und den Großgrundbesitzern vertieft jedoch die ökonomische Rückständigkeit der Bauern und begünstigt die Entstehung von Widerstandsgruppen vor allem unter der bäuerlichen Bevölkerung. Weder Adel noch Bürgertum, sondern die Bauern kämpfen in der Folgezeit für mehr Unabhängigkeit; sie führen die Aufstände und Befreiungskriege des 19. Jahrhunderts an.

Eine einheitliche Darstellung der Geschichte der jugoslawischen Völker ist schwierig, da sich der heute üblicherweise verwendete Begriff der Nation kaum auf die Geschichte übertragen läßt. Das gilt in besonderem Maße für die Makedonier und Montenegriner. Sie werden immer wieder als Teil des serbischen Stammes bezeichnet; während die Mehrzahl der in Montenegro lebenden Menschen das Serbentum angenommen haben, lehnten die Makedonier dies ab. Eine nationale Zuordnung der Bevölkerung in dieser heute südjugoslawischen Republik ist - beispielsweise um die Jahrhundertwende - nahezu unmöglich. Hinzu kommt, daß die Bezeichnung ›Makedonien‹, so der Jugoslawien-Forscher Holm Sundhaussen, den Osmanen unbekannt war und erst im Laufe des 19. Jahrhunderts von europäischen Geographen wiederentdeckt wurde.

Die Bildung der ersten Nationalstaaten Mitte und Ende des 19. Jahrhunderts geht schließlich - auch auf dem Balkan - auf die diplomatischen und mehr noch auf die militärischen Ambitionen und Aktionen der Großmächte zurück. Das gilt in erster Linie für das Zarenreich in Moskau, aber ebenso für Österreich-Ungarn und die Osmanen.

Die Unabhängigkeitsbestrebungen vor dem Ersten Weltkrieg

Bedeutendste Voraussetzung für den sich im 19. Jahrhundert entwickelnden Nationalismus auf der Balkanhalbinsel ist der fortschreitende Machtzerfall des Osmanischen Reiches.

Die dadurch entstandene ›Orientalische Frage‹ weckt nicht nur die Interessen der Großmächte Österreich-Ungarn und Rußland am Balkan, sie ist auch Ausgangspunkt für die Befreiung von Teilen der südslawischen Völker. Einige Beispiele wachsender Autonomie: Serbien wird 1817 den Osmanen gegenüber tributpflichtiges, 1878 unabhängiges Fürstentum und erreicht 1882 den Status eines unabhängigen Königreichs; Montenegro folgt ebenfalls 1878 dem Beispiel Serbiens und wird 1910 Königreich. Slowenien und das Königreich Kroatien bleiben hingegen bis zum Ausbruch des Ersten Weltkrieges unter der Herrschaft beziehungsweise dem Einfluß Österreich-Ungarns.

Grundvoraussetzung für die vor allem ab 1878 wachsende Unabhängigkeit sind die Ergebnisse der im gleichen Jahr stattfindenden Konferenz von San Stefano und des Berliner Kongresses. Knapp drei Jahre zuvor hatten in Herzegowina Aufstände gegen die türkische Herrschaft Serbien und Montenegro dazu bewogen, einen Krieg gegen die Osmanen zu beginnen.

Die Auseinandersetzungen entwickeln sich zum russisch-türkischen Krieg (1877 bis 1878), nachdem sich das Zarenreich in Moskau mit den Habsburgern verständigt hat: Österreich-Ungarn verspricht seine Neutralität, Rußland gestattet der Donau-Monarchie im Gegenzug die Besetzung Bosnien-Herzegowinas und unterstützt Serbien und Montenegro. Im Frieden von San Stefano wird - nach Ende des Krieges - zwischen den beiden Großmächten die neue Ordnung für den Balkanraum ausgehandelt. Ein Bestandteil der Vereinbarungen ist die Unabhängigkeit Serbiens, Montenegros sowie Rumäniens. Enttäuscht vom Ausgang der Konferenz, fordern vor allem England und Österreich-Ungarn erneute Verhandlungen, die unter Vermittlung Bismarcks noch im gleichen Jahr stattfinden: auf dem Berliner Kongreß. Neben kleineren Veränderungen und Grenzkorrekturen wird den Habsburgern gestattet, Bosnien-Herzegowina zu besetzen. Damit wird das Gebiet dem Einfluß der Serben entzogen, obwohl dort eine starke serbische Minderheit lebt. Als Folge nimmt die Zahl der Südslawen zu, die im Herrschaftsbereich des Habsburgerreiches nach Unabhängigkeit streben. Statt deren Hoffnungen nach mehr Selbständigkeit Nahrung zu geben, versucht die Donau-Monarchie, ihre Herrschaft unter Beweis zu stellen: 1908 annektieren die Habsburger das bislang besetzte Bosnien-Herzegowina. Der Keim für die späteren Feindseligkeiten ist gelegt.

In Kroatien gibt es um die Jahrhundertwende mehrere, vor allem von Intellektuellen getragene Unabhängigkeitsbestrebungen. Sie artikulieren sich teils als panslawische (die Vereinigung aller südslawischen Völker anstrebende), teils als kroatisch-zentrierte und entsprechend anti-serbische und teils als kroatisch-serbische und somit gegen die Herrschaft der Habsburger ausgerichtete Bewegungen. Während die vor allem kulturell orientierte panslawische ›illyrische Bewegung‹ und die extrem anti-serbische Partei der von Josip Frank 1895 gegründeten ›Frankianer‹ ohne allzu großen Erfolg in Kroatien agieren, gewinnt die im Oktober 1905 gebildete Koalition aus Kroaten und in Kroatien lebenden Serben mit ihrer Politik des »Neuen Kurses« an Einfluß. Bis zur Errichtung des Königreichs Jugoslawien prägen sie - mal an der von den Habsburgern geduldeten Regierung, mal in der Opposition - das politische Geschehen in der späteren jugoslawischen Republik.

Am 28. Juni 1914, dem Tag der Ankunft des Thronfolgers, jährt sich die Tragödie von Kosovo zum 525sten Mal - just an jenem 28. Juni waren die Serben in der Schlacht auf dem Amselfeld 1389 den anstürmenden Osmanen unterlegen. Franz Ferdinand muß

UNGARN
Slowenien
Kroatien
Bosnien
Dalmatien
Herzegowina
Monte-
ADRIATISCHES MEER
Österreichische Kronländer
Kgr. Ungarn
Kgr. Kroatien-Slawonien (Realunion mit Ungarn)
Bosnien-Herzegowina (ab 1878 unter gemeinsamer Verwaltung Ungarns u. Österr.; bis 1908 unter osmanischer Herrschaft)
Kgr. Montenegro (Grenzen von 1913)
Kgr. Serbien (Grenzen von 1878)
1913 an Serbien angeschlossene Gebiete (vorher unter osmanischer Herrschaft)

seinen Besuch mit dem Leben bezahlen: Er wird von dem neunzehnjährigen Gavrilo Princip, einem Anhänger der antiösterreichischen »Jungbosnier«, ermordet. Die zu dieser Zeit aktive Bewegung ›Junges Bosnien‹ setzt sich aus Atheisten und Republikanern zusammen, die sich gegen die religiöse und politische Intoleranz in Bosnien wehren und eine südslawische Föderation anstreben. Trotz der Ablehnung der »zu vorsichtigen Politik« des Königreichs Serbien, existieren Kontakte zur Regierung des Nachbarstaates in Belgrad. Als sicher gilt, so Holm Sundhaussen in seiner *Geschichte Jugoslawiens*, daß sich Princip auch der Unterstützung der Regierenden in Belgrad für den »Tyrannenmord« versichert hat.

Ob es Zufall, Gedankenlosigkeit oder eine bewußte Provokation gewesen war, bleibt unbeantwortet: Der Terminplan für den Besuch des österreichischen Thronfolgers Franz Ferdinand in Sarajewo, der Hauptstadt des sechs Jahre zuvor annektierten Bosnien-Herzegowinas mußte auf alle Fälle die nationalen Gefühle der Serben wecken.

Das Attentat dient Österreich-Ungarn wiederum als Grund, den Krieg mit Serbien zu suchen. Serbien soll »durch eine Kraftäußerung für immer unschädlich« gemacht werden. Obwohl auf einer gemeinsamen Sitzung der Minister Österreichs und Ungarns vor einem europäischen Krieg gewarnt wird, kommen die Mitglieder zu dem Ergebnis, daß ein Erfolg aufgrund diplomatischer Bemühungen langfristig keine Lösung darstellen könne.

Österreich-Ungarn stellt Serbien ein Ultimatum; die Antwort bleibt indes - so die österreichische Interpretation - unbefriedigend. Die sich anschließende Kriegserklärung Österreich-Ungarns setzt Ende Juli und Anfang August 1914 das Einlösen umfangreicher Bündnisverpflichtungen in Gang: Deutschland versichert Österreich seine Unterstützung, Rußland solidarisiert sich mit den Serben, und Frankreich erfüllt seinen Beistandspakt gegenüber dem Zarenreich. Das Resultat: ein Weltkrieg, in dessen Verlauf zwölf Millionen Menschen sterben, vier Kaiserreiche zusammenbrechen und sich das Machtgefüge in Europa von Grund auf ändert.

Die Gründung des Königreiches

Das »Vereinigte Königreich der Serben, Kroaten und Slowenen« wird am 1. Dezember 1918 gegründet. Dieses »Land der Südslawen« entsteht als ein neues Staatsgebilde, das sich aus Teilen der zusammengebrochenen Großmächte der Habsburger und der osmanischen Herrscher zusammensetzt. Dazu gehören im Norden die österreichischen Kronländer Istrien, Krain und Steiermark *(mit dem heutigen Slowenien größtenteils identisch; Anm. d. Red.)*, das Königreich Kroatien und Slawonien, das eine feste Union mit Ungarn eingegangen war, sowie im Süden Teile der ehemaligen osmanischen Provinz Makedonien. Den geographischen und - wie sich bald herausstellen sollte - politischen Kern des neuen Vielvölkerstaates bildet jedoch das ehemalige Königreich Serbien.

Und nicht die Staatsgründung als solche, sondern die sich schon bei den Vereinigungsverhandlungen abzeichnende Dominanz der Serben wird im weiteren Verlauf der Geschichte Jugoslawiens zum Problem.

Schon kurz nach Ausbruch des Krieges im August 1914 macht

die serbische Regierung deutlich, was Ziel ihres Kampfes sein werde: eine Vereinigung aller Südslawen unter der Vorherrschaft der Serben. Früh nimmt sie Kontakte zu südslawischen Emigranten aus der Donaumonarchie auf, die im April 1915 - unter der Führung des Kroaten Ante Trumbic - den »Südslawischen Ausschuß« gründen. Während in den Auseinandersetzungen um Gebietskonzessionen und -ansprüche die Südslawen unter Trumbic - in diesem Fall vornehmlich Kroaten und Slowenen - auf die dalmatische Küste hoffen, legt der Regierungschef der Serben in Belgrad, Nikola Pasic, alleine Wert auf die Erfüllung serbischer Gebietsansprüche: Makedonien unter serbischer Herrschaft ist wichtiger als Dalmatien. Trotzdem setzen beide Seiten die Verhandlungen zur Bildung eines Staates fort. In ihren unterschiedlichen Vorstellungen über die Regierungsform kommen sie sich nicht näher: Die Südslawen fordern eine föderalistische Republik, die Serben streben einen zentralistischen Staat an.

Einen Fortschritt erzielen die Verhandlungspartner im Sommer 1917 auf der Insel Korfu. Beide Seiten erklären, sich über die Grundsätze für die Bildung eines gemeinsamen Königreichs der Serben, Kroaten und Slowenen einig geworden zu sein. Doch schon bei der Auslegung der Formalitäten zur Erreichung dieses Ziels gehen die Meinungen weit auseinander. Während der Serbe Pasic die Erklärung von Korfu nicht als verbindliche Vorentscheidung ansieht, bezeichnet sein Widersacher Trumbic sie als Grundgesetz der Vereinigung.

Anfang Oktober 1918 gründen 73 südslawische Mitglieder des Reichsrates, des Reichstages und des kroatisch-slawonischen Landtages den »Nationalrat der Slowenen, Kroaten und Serben« in Zagreb. Im Statut wird die Vereinigung aller Südslawen der Donaumonarchie in einem unabhängigen Staat als Ziel verankert. Der Machtwechsel im Zagreber Landtag vollzieht sich gewaltlos: Am 29. Oktober 1918 hebt der alte Landtag die rechtlichen und administrativen Bindungen zu Österreich-Ungarn auf und ernennt den »Nationalrat« zur ausführenden Gewalt im Staat.

Die Auseinandersetzungen mit der Regierung Serbiens um die künftige Staatsform des neu zu schaffenden Staates bleiben bestehen. Selbst im Zagreber Nationalrat herrscht keine Einigkeit über das weitere Vorgehen. Die slowenische Volkspartei unter Anton

Korosec und die Kroatische Volks- und Bauernpartei von Stjepan Radic setzen sich weiter für eine föderalistisch strukturierte Republik ein, während die kroatisch-serbische Koalition die schnelle Einigung mit Serbien fordert. Durch Unruhen in der unter den Folgen des Krieges leidenden und immer ungeduldigeren Bevölkerung unter Druck gesetzt, entsendet der Nationalrat Ende November eine Delegation zu Vereinigungsverhandlungen nach Belgrad; nur wenige Tage später am 1. Dezember 1918 kann Prinzregent Alexander Karadjordjevic die Gründung des »Königreichs der Serben, Kroaten und Slowenen« verkünden. Das Resultat ist der Zusammenschluß zu einem vor allem in kultureller und religiöser Hinsicht buntgescheckten Fleckerlteppich: Katholiken mit lateinischer Schrift, Orthodoxe, die sich der kyrillischen Buchstaben bedienen, sowie Moslems, deren Religionssprache das Arabische ist.

Die Grenzziehungen des neuen Staates erweisen sich sowohl gegenüber Österreich und Ungarn wie auch gegenüber Italien als schwierig. In Kärnten findet - nach langen und zum Teil auch militärischen Auseinandersetzungen - am 10. Oktober 1920 in der südlichen von zwei ausgesuchten Regionen eine Volksbefragung statt: Knapp sechzig Prozent der Bevölkerung sprechen sich für den Verbleib in Österreich und gegen Jugoslawien aus. Die zweite Befragung fällt daraufhin unter den Tisch, weil im nördlichen Teil ein noch deutlicheres Votum für Österreich zu erwarten ist.

Gegenüber Ungarn gelingt es der jugoslawischen Delegation nicht, bei den Verhandlungen zum Friedensvertrag von Trianon am 4. November 1920, dem neuen Königreich einen Korridor zur Tschechoslowakei zu erhalten und den Zugang der Ungarn zur Drau zu verhindern. Schließlich hoffen die Jugoslawen, Zugang zum Kohlebecken von Pecs zu erhalten - ebenfalls ohne Erfolg.

Am schwierigsten gestalten sich die Verhandlungen mit Italien. Die Auseinandersetzungen um Istrien, Teile der Küste Dalmatiens sowie um Triest und Rijeka werden unter Druck der Großmächte geführt. Im November 1920 muß die Regierung auf der Konferenz von Rapallo Konzessionen machen: Triest, Istrien, die Hafenstadt Zadar sowie mehrere Adriainseln gehen an Italien; Rijeka erhält den Status eines Freistaates, der mit Italien verbunden ist und im Januar 1924 an das Nachbarland angeschlossen wird.

Das junge Königreich mußte weite Landstriche der zum Teil karstigen Küste Dalmatiens an Italien abtreten. (Ullstein)

Von den zahlreichen Kompromissen, die das Land bezüglich seines Staatsgebietes machen muß, sind vor allem die Kroaten und Slowenen betroffen. Das gilt für den Norden und damit für Kärnten wie für die istrische und dalmatische Küste im Westen. Sie fühlen sich - vor allem im Vergleich zu den Serben - von der Regierung in Belgrad schlecht vertreten, was ihre Ressentiments gegen eine zentralistische Staatsform sowie gegen die in Belgrad mehrheitlich bestimmenden Serben fördert.

Die parlamentarische Monarchie

Im neuentstandenen »Königreich der Serben, Kroaten und Slowenen« leben Anfang der zwanziger Jahre knapp zwölf Millionen Menschen. Keine der drei großen Volksgruppen, die im Titel der »dreinamigen Nation« genannt werden, stellt einen Bevölkerungsanteil von mehr als fünfzig Prozent, so daß eher von einem Nationalitäten- als von einem Nationalstaat gesprochen werden kann. Entsprechend prägen die innenpolitischen Auseinandersetzungen über die anzustrebende Staatsform und den Einfluß einzelner Nationalitäten das politische Geschehen.

Die neue Parteienvielfalt ist ein Spiegelbild dieses Konflikts: Das Gros der ungefähr vierzig Parteien grenzt sich national oder regional so stark voneinander ab, so daß die meisten nicht als jugoslawische Volksparteien bezeichnet werden können. Wichtige Beispiele sind: die Radikale Volkspartei Serbiens (NRS), die Kroatische Republikanische Bauern Partei (HRSS - später HSS), die Slowenische Volkspartei (SLS) sowie die Jugoslawische Muslimische Organisation (JMO), die in erster Linie die Muslime in Bosnien-Herzegowina vertritt. Bedeutendste Ausnahmen sind die Demokratische Partei (DS) und die Kommunistische Partei Jugoslawiens (KPJ), die sich in ihren politischen Zielsetzungen auf den Gesamtstaat konzentrieren.

Am 28. November 1920 findet die Wahl zur Verfassunggebenden Versammlung statt. Die insgesamt 419 Abgeordneten werden nach dem Verhältniswahlrecht von allen Männern über 21 Jahre gewählt. Größte Fraktion wird die Demokratische Partei, die 92 Abgeordnete stellt. Sie geht von der Prämisse einer unteilbaren »jugoslawischen Nation« aus. Entsprechend seien nationale Ausgrenzung oder Autonomie abzulehnen. Darüber hinaus verlange die neue nationale Einheit, so die von Svetozar Pribicevic geführte DS, die Auflösung der regionalen Parteien und die zentralistische Organisation des Staates ohne Hegemoniebestrebungen einzelner Gruppen. Obwohl sie sich als die einzige »jugoslawische Partei« des bürgerlichen Lagers darstellt, bleibt sie auch in den folgenden Jahren eher eine serbische, weil es ihr nicht gelingt, Strömungen anderer Nationalitäten in Partei und Programm zu integrieren. Außerdem entspricht ihr Ziel eines starken Zentralstaates den Bestrebungen der meisten Serben, aus dem Königreich einen zentralistischen Staat unter ihrer Vorherrschaft zu machen.

Zur zweitstärksten Kraft werden die »Radikalen«, also die serbische NRS, mit 91 Abgeordneten. Die von Nikola Pasic, dem langjährigen Ministerpräsidenten Vorkriegs-Serbiens, geführte Partei strebt wie die DS einen zentralistischen Staat an, legt einen weiteren Schwerpunkt aber auf die Vormachtstellung der Serben. Die Kommunisten erhalten 56 Mandate und werden so zur drittstärksten Partei. Auch sie fordern eine zentralistische Gesamtstruktur und lehnen gleichzeitig - im Gegensatz zur DS - jegliche nationalistischen Egoismen ab. Ihr politisches Leben ist nur von kurzer Dauer: Bereits im Dezember, einen knappen Monat nach den Wahlen zur Verfassungsgebenden Versammlung, erläßt die Regierung eine »Bann-Verordnung« gegen die KPJ, weil die Partei als Initiatorin zahlreicher Streiks Unruhe ins Volk gebracht habe. Sie muß ihre politische Arbeit beenden, ihre Büros schließen. Ein halbes Jahr später erläßt das Parlament - nach Attentaten und Anschlägen linksgerichteter Kreise - ein »Gesetz zum Schutz der öffentlichen Sicherheit und Ordnung«, das als Basis für die Aufhebung der Immunität der kommunistischen Abgeordneten dient. Eine breit angelegte Verhaftungswelle vervollständigt den Einsatz gegen die KPJ. Damit wird sie für mehr als zwanzig Jahre in die Illegalität gezwungen.

Weitere bedeutende Parteien in der Verfassunggebenden Versammlung werden die drei national orientierten Parteien HRSS mit 50, SLS mit 27 und JMO mit 24 Sitzen. Alle drei fordern - im Gegensatz zu den jugoslawischen beziehungsweise serbischen Parteien - genügend Eigenständigkeit der einzelnen Nationen und stellen dem zentralistischen Konzept dieser Parteien ein föderalistisches Modell gegenüber. So setzt sich zu Beginn des Königreichs der innenpolitische Konflikt zwischen Föderalisten und Zentralisten sowie zwischen dem anzustrebenden Ziel nationaler Freiheiten und völliger Integration in den Gesamtstaat fort. Eine Kluft, die sich nicht überbrücken läßt.

Am 28. Juni 1921 verabschiedet die Verfassunggebende Versammlung einen zentralistischen Entwurf für das Königreich. Dafür stimmen 223 Parlamentarier, dagegen 196. Möglich wird dieses Ergebnis nur, weil 70 Prozent der Abgeordneten aus Kroatien, 60 Prozent der Abgeordneten aus Slowenien und 55 Prozent der Parlamentarier aus Dalmatien der Abstimmung aus Protest fernbleiben. Das bedeutet: Gegen den Willen der gewählten Vertreter dieser Landesteile bestimmt die serbische Mehrheit über die zentralistische Struktur des gemeinsamen Staates. Darüber hinaus wird der nationale Unitarismus zum Verfassungsprinzip - und macht so jeden, der für mehr nationale Autonomie eintritt, zum Verfassungsfeind.

Der Monarch erhält in der Verfassung eine starke Position: Er ernennt die Regierungsmitglieder, er ist zusammen mit dem Parlament gesetzgebende Gewalt, er ist Oberster Befehlshaber der Streitkräfte und er allein erklärt Frieden oder Krieg. Aufgrund dieser Machtfülle muß von einer konstitutionellen als von einer parlamentarischen Monarchie gesprochen werden.

Neben den Auseinandersetzungen um die Staatsform prägen die Bemühungen um die wirtschaftliche Integration der unterschiedlichen Regionen und der Wiederaufbau die Handlungen der Regierung. Wie beim Streit um den Staatsaufbau brechen auch hier sehr bald nationale Konflikte auf. Sowohl bei der Vereinheitlichung der Währung und des Steuersystems als auch bei der Besetzung des Beamtenapparats fühlen sich die Kroaten benachteiligt; gleiches gilt für staatliche Investitionen, die bevorzugt im Südosten und damit hauptsächlich in Serbien getätigt werden. Beispiel Infrastruktur: von Mitte der zwanziger bis Mitte der dreißiger Jahre gibt die Zentralregierung in Belgrad 63 Prozent des zur Verfügung stehenden Budgets in Serbien für Straßen, Brücken und Kraftwerke aus, während im gleichen Zeitraum nur neun Prozent der Gelder nach Kroatien fließen.

Auf diese Weise greifen wirtschaftliche und nationale Zwistigkeiten zwischen den einzelnen Völkern Jugoslawiens immer wieder ineinander und sorgen dafür, daß die gegenseitige Abneigung neue Nahrung erhält.

Dieser Konflikt setzt sich bis zum vorläufigen Ende des Parlamentarismus in Jugoslawien im Jahre 1928 fort. Exponierteste Vertreter der Auseinandersetzung sind Stjepan Radic und die von ihm geführte Kroatische Republikanische Bauernpartei auf der Seite der Föderalisten sowie die Serbische Radikale Volkspartei unter Nikola Pasic, die für die Zentralisten und Integristen steht. Zwar kommt es - nach zwei weiteren Wahlen und heftigen nationalen Auseinandersetzungen - am 18. Juli 1925 zu einer Koalitionsregierung zwischen beiden Parteien, die Konfrontation in den wesentlichen Streitfragen bleibt jedoch bestehen.

Trauriger ›Höhepunkt‹ des Konflikts: Am 20. Juni 1928 wird Stjepan Radic zusammen mit vier Parteikollegen im Belgrader Parlament, der Skupstina, von einem Mitglied der serbischen NRS erschossen. Das Blutbad offenbart, wie gering die Bereitschaft zum Dialog geworden ist; eine Annäherung erscheint unmöglich. Wie labil die politischen Bedingungen von 1920 bis 1928 sind, verdeutlicht eine andere Zahl: Die Amtsperiode der Regierungen schwankt in dieser Zeit zwischen einer Woche und einem Jahr, im Durchschnitt beträgt sie kaum mehr als vier Monate - zu wenig, um bei solch nationalen Auseinandersetzungen für Stabilität sorgen zu können.

Die Königsdiktatur

König Alexander zieht am 26. Januar 1929 die - aus seine Sicht - einzig mögliche Konsequenz: Er setzt die Verfassung von 1921 außer Kraft und löst das Parlament auf. Doch statt sein Augenmerk auf die Aussöhnung der einzelnen jugoslawischen Nationalitäten zu legen, fördert er die Zwistigkeiten: Am 3. Oktober 1929 führt er einen neuen Verwaltungsaufbau ein und teilt das Königreich in neun Bezirke (Banate) auf - zum Nutzen der Serben und zur Schwächung der Kroaten. Um die innen- und außenpolitische Kritik an seiner Herrschaft abzuschwächen, erläßt er am 3. September 1931 eine neue Verfassung, die die Bildung eines Zwei-Kammer-Systems vorsieht. Im Vergleich zur Verfassung des

Jahres 1921 sieht die neue eine nochmals erweiterte Macht für den König vor - und kann somit nur als Schein-Parlamentarismus bezeichnet werden.

Parallel zu den innenpolitischen Problemen gerät Jugoslawien Ende der zwanziger und Anfang der dreißiger Jahre in den Strudel der Weltwirtschaftskrise. Schon vor der Krise nehmen die ökonomischen Schwierigkeiten zu, weil dem überwiegend von der Landwirtschaft lebenden Land mächtige Konkurrenten in den USA, Kanada, Australien und Argentinien erwachsen. Export und Einnahmen sinken, Geld für die dringend benötigten Maschinen zur Modernisierung der heimischen Industrie wird knapp.

Die 1929 ausgelöste Weltwirtschaftskrise wirkt in diesem negativen Trend wie ein Katalysator, weil noch weniger verkauft und zur Modernisierung wieder eingesetzt werden kann. Das führt schließlich dazu, daß die Wirtschaftsbeziehungen zu Deutschland intensiviert werden, obwohl Jugoslawien als Mitglied der »Kleinen Entente« und Teil der französischen Bündnisstrategie dem Expansionsdrang der Deutschen entgegenstehen sollte.

Am 1. Mai 1934 schließen beide Regierungen einen deutsch-jugoslawischen Handelsvertrag ab, in dem sich das Deutsche Reich zur Abnahme landwirtschaftlicher Güter über dem Weltmarktpreisniveau verpflichtet - als Teil seiner damaligen Politik, den eigenen Einfluß auf die Staaten Südosteuropas zu vergrößern, indem die dortigen Volkswirtschaften von der Wirtschaftskraft und dem Absatzmarkt des Reiches immer abhängiger gemacht werden.

Am 9. Oktober 1934 wird König Alexander bei einem Staatsbesuch in Frankreich erschossen.

Sein Nachfolger, ein Regentschaftsrat, in dem Prinz Paul Karadjordjevic die Führungsrolle einnimmt, konzentriert sich darauf, die Politik Alexanders fortzusetzen. Entsprechend bleiben abrupte Kurswechsel zunächst aus.

Zwei Entwicklungen verändern Ende der dreißiger und Anfang der vierziger Jahre diesen Eindruck: Im August 1939 kommt es zu einer Annäherung zwischen Regierungsschef Dragisa Cvetkovic und dem Kroaten Vlado Macek, der seit dem Tod von Stjepan Radic die HSS führt. Dem in diesem Abkommen neu verfaßten Verwaltungsgebiet Kroatien wird ein Maß an Autonomie geboten, die kein anderes Volk innerhalb des Königreichs erhält - zum Ärger der nationalistischen Serben.

Außenpolitisch versucht der Regentschaftsrat, sich gegenüber den Achsenmächten sowie gegenüber Frankreich und der Sowjetunion weitgehend neutral zu verhalten. Im Winter 1940/41 nimmt der Druck von Seiten Deutschlands jedoch zu, Jugoslawien möge dem Dreimächtepakt beitreten, den Italien, Deutschland und Japan abgeschlossen hatten und dem seit Oktober und November 1941 auch Ungarn, Rumänien und die Slowakei angehörten. Drei Monate später gibt die Regierung ihren Widerstand auf: Am 25. März unterzeichnen Regierungschef Dragisa Cvetkovic und Außenminister Alexander Cincar-Markovic den Beitritt Jugoslawiens.

Sowohl die neuerlangte Autonomie der Kroaten als auch - in noch stärkerem Maße - der Beitritt zum Dreimächtepakt veranlassen serbische Offiziere, am 27. März gegen Prinzregent Paul zu putschen. Sie lassen den noch nicht ganz achtzehnjährigen Petar II., Sohn des 1934 ermordeten Königs Alexander, für volljährig erklären und zum König ausrufen. General Dusan Simuvic, einer der Putschisten, übernimmt die Führung des Kabinetts. Doch damit ist der Streit um den Beitritt nicht beendet: Weil sich im Kabinett keine Mehrheit für den Austritt findet, bleibt das Land formal im Pakt - bis die jugoslawische Armeeführung nach dem Einmarsch der Deutschen nicht einmal einen Monat später die bedingungslose Kapitulation unterzeichnen muß.

Das Ustascha-Regime und Titos Partisanenkampf

Die deutsche Luftwaffe beginnt den Krieg gegen den Vielvölkerstaat: In den Morgenstunden des 6. April 1941 bombardieren deutsche Flugzeuge Belgrad - exakt so, wie es »Führer-Weisung Nummer 25« schon am 27. März befohlen hatte. Gleichzeitig überschreiten im Süden deutsche Truppen die jugoslawische Grenze. Wenige Tage später dringen weitere Truppenverbände aus Österreich, Ungarn, Bulgarien und Rumänien nach Jugoslawien ein; elf Tage nach Beginn der Kampfhandlungen, am 17. April 1941, muß die Führung des jugoslawischen Heeres die bedingungslose Kapitulation der Streitkräfte unterzeichnen.

DT. REICH
UNGARN
Slowenien
ITALIEN
Kroatien
Bosnien
Dalmatien
Herzegonwina
Monteneg
ADRIATISCHES MEER
Gebiet des ›Unabhängigen Staates Kroatien‹
Gebiet des dt. Militärbefehlshabers in Serbien
Von Bulgarien annektiertes Gebiet
Von Ungarn annektiertes Gebiet
Von Deutschland annektiertes Gebiet
Von Italien annektiertes Gebiet
Gebiet des geplanten Staates Montenegro (von Italien besetzt)
An Albanien angeschlossenes Gebiet (von Italien besetzt)

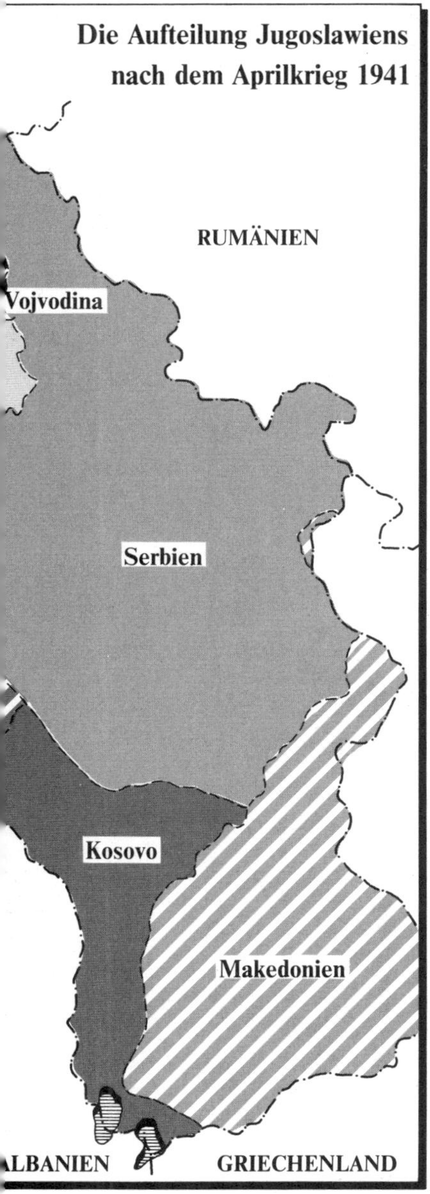

Nicht nur die deutsche Truppenstärke ist für diese Niederlage verantwortlich. Die inneren Widersprüche des Landes schwächen das Militär bereits im Vorfeld des Einsatzes: Zahlreiche Slowenen und Kroaten folgen im Verlauf der allgemeinen Mobilmachung nicht ihrem Einberufungsbescheid oder desertieren. Darüber hinaus erklären die kroatischen und slowenischen Minister im jugoslawischen Kabinett, so der Historiker Holm Sundhaussen, daß ihre Soldaten nicht bereit seien, mehr als nur die eigenen nationalen Grenzen zu verteidigen.

Die unter der Regie der Deutschen beginnende Aufteilung des besetzten Landes in ein »buntscheckiges Mosaik verschiedener Interessenszonen« (Sundhaussen) entspricht zunächst dem, was sich Hitler schon kurz nach dem Putsch der serbischen Offiziere Ende März vorgenommen hatte: das Land als Staat zu zerschlagen. Die südlichen Teile der Steiermark, Kärntens und der Krain werden dem Deutschen Reich angeschlossen. Südslowenien und Teile Dalmatiens gehen an Italien, der Kern Makedoniens und ein südlicher Zipfel Serbiens an Bulgarien sowie

Batschka, Baranja und das Mur-Gebiet an Ungarn. Serbien bleibt unter deutscher Militärverwaltung. Im Falle Kroatiens ist an eine gewisse Selbständigkeit innerhalb seiner nationalen Grenzen gedacht. Bereits im Verlauf der Invasion wird versucht, Kontakt zu verschiedenen kroatischen Persönlichkeiten zu erlangen. Erst als der Führer der HSS, Vlado Macek, jede Kooperation mit den Deutschen strikt ablehnt, wird die Zusammenarbeit mit Ante Pavelic und der separatistischen Ustascha-Bewegung gefördert. Kroatien und Bosnien-Herzegowina fallen dem neuen »Unabhängigen Staat Kroatien« (USK) der Ustascha zu.

Die Ustascha entsteht Ende der zwanziger Jahre als extremistische Partei des kroatischen Widerstandes. Nach Ansicht des Gründers und Führers (Poglavnik) der faschistoiden Bewegung, dem Rechtsanwalt Ante Pavelic, begünstigt die Politik Königs Alexander eindeutig die Serben. Deshalb tritt Pavelic für die völlige Auflösung Jugoslawiens ein. Er fordert ein souveränes Kroatien nur für Kroaten, zu dem Bosnien und Herzegowina gehören könnten, in denen kroatische Minderheiten leben.

Anfang der dreißiger Jahre verläßt Pavelic Jugoslawien und läßt sich in Italien nieder. Dort gründet er mehrere Ausbildungslager für Ustasche (Plural von Ustascha = Aufständischer), deren Zahl in diesen Lagern jedoch bis 1941 zwischen 150 und 400 schwankt und somit äußerst gering bleibt. Die Ermordung König Alexanders in Marseille 1934 unter der Mitarbeit der Ustascha ist der ›spektakulärste‹ Erfolg der Bewegung.

Die Annäherungsversuche an das Deutsche Reich und die Nationalsozialisten bleiben in dieser Zeit erfolglos: Weil Hitler in den dreißiger Jahren um ein stabiles Jugoslawien bemüht ist, wird den deutschen Dienststellen jeglicher Kontakt zum Widerstand des Landes - mithin auch zur Ustascha - untersagt.

Anders verhält sich der Achsenpartner Italien. Mussolini ist am Ausbau seiner Macht im Adriaraum interessiert und konzentriert sich dabei auf Kroatien. Ende 1939 und Anfang 1940 werden zwischen der Regierung in Rom und der Ustascha konkrete Pläne für einen Umsturz geschmiedet, der von der Ustascha eingeleitet und nach einem Hilferuf von den italienischen Truppen beendet werden soll. Bis zum Einmarsch der Deutschen jedoch bleibt der Plan ohne Ausführung.

Marschall Tito mit seinen Partisanenführern und späteren Weggefährten im Hauptquartier auf der Insel Vis 1943: Vladimir Bakarik, Ivan Milutinovic, Edvard Kardelj, Marschall Tito, Alexander Rankovic, Svetozar Vukmonovic und Milovan Djilas. (Süddeutscher Verlag)

Vier Tage nach Beginn des Krieges verbessern sich die Aussichten der Ustascha: Unter der Regie der Deutschen erklärt Slavko Kvaternik, ehemaliger Offizier in der Armee Österreich-Ungarns und Gewährsmann von Pavelic, Kroatien am 10. April 1941 für unabhängig. Die Deklaration dient den Nachbarstaaten als Indiz für den Zerfall Jugoslawiens. Ungarische, italienische und bulgarische Truppen überschreiten in den folgenden Tagen ebenfalls die Grenze nach Jugoslawien, um die Gebietsansprüche des jeweiligen Landes zu untermauern.

Obwohl das Deutsche Reich und Italien den Ustascha-Staat am

15. April - Anführer Ante Pavelic kommt an diesem Tag nach Zagreb - diplomatisch anerkennen, bleibt er bis zu seinem Ende vom Schutz der Deutschen abhängig. Von einer tatsächlichen Souveränität kann nach außen wie innen nicht gesprochen werden. Im Konflikt mit Italien muß Pavelic im Mai noch einmal einen großen Teil Dalmatiens abtreten. Knapp 380 000 Menschen - davon drei Viertel Kroaten - leben von da an unter italienischer Herrschaft - ein schwerer Schlag für den Nationalistenführer. Die Enttäuschung in der Bevölkerung ist groß; der Rückhalt für die Ustascha nimmt - schon nach wenigen Wochen - rapide ab.

Der radikale Chauvinismus ist Kern des ideologischen Programms der Ustascha. Das Streben nach einem kroatisch-exklusiven Staat richtet sich gegen alles Fremde, in erster Linie aber gegen die knapp zwei Millionen Serben im Land. In den ersten Monaten errichten die neuen Machthaber mehrere Konzentrationslager - das erste bereits Ende April. Besonders berüchtigt wird das Lager von Jasenovac, in dem nach unterschiedlichen Angaben zwischen 200 000 und 700 000 Menschen durch die Ustasche umgebracht worden sind. Pavelics Bewegung, die zeitweise viele Sympathisanten, nie jedoch eine echte Massenbasis besitzt, will den »rassisch reinen« Staat. Als Mittel zur Durchsetzung dient auch die Vertreibung: Hunderttausende verlieren in dieser Zeit ihre Heimat.

Der Widerstand der verfolgten Serben und immer größerer Teile der kroatischen Bevölkerung gegen die Gewalt der Ustasche schwächt das Regime zunehmend. Um die eigene ›Macht‹ zu erhalten, muß Pavelic mehr und mehr Rechte an die Deutschen abgeben und wird spätestens 1942/43 zum reinen Ausführungsgehilfen der Besatzungsmacht.

Nicht weniger brutal gehen die Besatzungsmächte in den anderen Teilen Jugoslawiens mit der Bevölkerung um. Grausame Grundlage: der Befehl Nummer 888 des Oberkommandos der Wehrmacht vom 16. September 1941. Für jeden getöteten Deutschen sollen 50 bis 100 Zivilisten umgebracht werden. Die Zahl der Opfer deutscher Verfolgung in Serbien werden auf insgesamt rund 80 000 geschätzt; nahezu 70 000 werden als Zwangsarbeiter nach Deutschland gebracht. Die erhoffte Wirkung - den Widerstand zu brechen - bleibt indes aus. Vornehmlich zwei politische Gruppierungen organisieren zunächst den Kampf gegen die Besatzer: die nationalserbische Cetnici-Bewegung und die Kommunisten unter Tito.

Die von Draga Mihailovic geführten Cetnici (Plural von Cetnik = Mitglied einer Schar) zielen auf die Wiederherstellung des Königreichs unter der Vorherrschaft der Serben; Mihailovic selbst wird nach der Flucht der königlichen Regierung ins Londoner Exil Kriegsminister. Sein Streben nach serbischer Vorherrschaft führt zu einer weiteren Radikalisierung unter den Nationalitäten. Allzu schnell werden die Kroaten mit den Ustasche und die Serben mit den ebenfalls chauvinistischen Cetnici gleichgesetzt. Die nationalistisch-serbische und revisionistische Haltung der Bewegung Mihailovics macht eine Kooperation mit den Kommunisten unmöglich. Kämpfen sie bis Herbst 1941 noch Seite an Seite, so gehen sie ab Winter 1941 zur Bekämpfung des gemeinsamen äußeren und des gegenseitigen inneren Feindes über.

Hitler bekämpft die Cetnicis und lehnt eine Zusammenarbeit mit der Bewegung lange Zeit ab. Anfang 1944 aber ändert sich das, da der gemeinsame Feind Tito immer gefährlicher wird. Mehrere Abteilungen der Mihailovic-Kämpfer werden in deutschen Verbänden gegen die Kommunisten eingesetzt. Den Sieg Titos am Ende des Krieges können die ›Verbündeten‹ aber damit nicht verhindern.

Die Kommunisten verlieren in den zwanziger Jahren zunächst jeden Einfluß im Land. Das liegt am Verbot der Partei im Dezember 1920, hat seine Ursache jedoch auch in inneren Streitigkeiten. Vor allem die kroatischen Kommunisten wehren sich in dieser Zeit gegen die Integrationsbestrebungen der Partei, die ganz auf die Einheit Jugoslawiens setzt. Tito kommt 1934 in das Zentralkomitee und wird zwei Jahre später mit der Organisation der auf knapp 500 Mitglieder geschrumpften Partei beauftragt. Erfolg hat er damit allerdings erst, als die Partei nationale Untergliederungen und damit die Gründung der KP Sloweniens und der KP Kroatiens akzeptiert. 1938 wird Tito in Moskau zum Generalsekretär ernannt und zwei Jahre später von der Landeskonferenz der Partei in diesem Amt bestätigt.

Vier Tage nach dem Einmarsch der Deutschen bildet die KPJ ein Militärkomitee; Tito wird zu deren Leiter ernannt. Am 4. Juli 1941 beschließt das Komitee, mit dem Aufstand gegen die Besat-

Der junge Josip Broz 1920, dem Jahr seines Eintritts in die KPJ. Den Decknamen »Tito« erhielt er 14 Jahre später. (Interfoto)

zer zu beginnen. Eine erste Revolte breitet sich über Montenegro, den Ostteil Bosniens und die von Serben bewohnten Gebiete Kroatiens aus, die erst im Winter niedergeschlagen werden kann.

Im Anschluß an diese Niederlage und die folgenden Monate der Not gelingt es Tito, den bisher überwiegend serbischen Aufstand in eine alle Nationen umfassende Volksbewegung unter kommunistischer Führung umzuwandeln. Voraussetzungen für diesen Erfolg sind: der vorläufige Verzicht auf revolutionär-kommunistische Parolen, strengste Disziplin und der Aufbau einer flexiblen, aber fest strukturierten Armee. Im Herbst 1944 befehligt der zum Marschall ernannte Tito über 500000 Partisanen, obwohl die Deutschen mit immer mehr Soldaten gegen den jugoslawischen Widerstand vorgehen und ihn in große Bedrängnis bringen. Wiederholt bittet Tito seine kommunistischen Verbündeten in Moskau um Unterstützung, doch Stalins Hilfe bleibt aus.

Die Vorentscheidung zugunsten der Partisanenarmee Titos fällt im Herbst 1943. Die Alliierten geben auf der Konferenz von Teheran ihre bisherige Unterstützung für die Cetnicis auf und erkennen Tito als militärischen Führer des Widerstandes an. Auf Drängen Churchills wird Mihailovic im Dezember als Kriegsminister der direkt nach dem Einmarsch der Deutschen nach Kairo und später nach London geflüchteten Exilregierung entlassen. Gemeinsam mit der Roten Armee gelingt den Partisanen im folgenden Herbst die Eroberung Serbiens; am 20. Oktober 1944 erreichen die Soldaten Titos Belgrad. Zwar gehen die Kämpfe vereinzelt bis Kriegsende weiter, der entscheidende Sieg ist jedoch errungen.

Ein dunkles Kapitel bilden die Racheakte, die sich anschließen. Mehr als 100000 Soldaten und Milizen des Ustascha-Regimes werden bis Ende Mai an die Partisanen ausgeliefert; rund ein Zehntel von ihnen - darunter vor allem Ustascha-Mitglieder und Offiziere - werden hingerichtet. Weitere Massenexekutionen folgen, die in den ersten Nachkriegsmonaten überall im Land stattfinden.

Das Jugoslawien unter Tito

Schon während des Krieges, im November 1943, legen die Kommunisten unter Tito die Basis für den neuen Staat. Der »Antifaschistische Rat der Volksbefreiung Jugoslawiens« (AVNOJ) konstituiert sich auf seiner zweiten Sitzung - entsprechend der zuvor geäußerten Empfehlung Titos – als oberstes gesetzgebendes und ausführendes Organ sowie als höchster Repräsentant des befreiten Jugoslawiens. Aus seiner Mitte wird ein Nationalkomitee gewählt, das als provisorische Regierung administrative Aufgaben übernimmt. Tito wird zum Präsidenten des Nationalkomitees bestimmt, dem neben Kommunisten und Widerstandskämpfern auch fünf Mitglieder der Exilregierung in London angehören.

Ihre Mitgliedschaft resultiert aus einem Kompromiß zwischen Tito und den Alliierten, die bis dahin in erster Linie mit der königlichen Exilregierung zusammengearbeitet haben. An weitere Zugeständnisse denkt Tito nicht: Auf der ersten Sitzung des Nationalkomitees wird beschlossen, alle von der Exilregierung eingegangenen Verträge und Absprachen zu überprüfen und gegebenenfalls rückgängig zu machen. Dem König wird die Rückkehr ins Land – bis zu einem Volksentscheid – untersagt. Darüber hinaus wird erklärt, daß der neue Staat nach demokratischen und föderativen Gesichtspunkten strukturiert werden soll.

Zu einer geregelten Zusammenarbeit zwischen provisorischer und Exilregierung kommt es im Juni 1944: Auf der Adriainsel Vis unterzeichnen Tito und der auf Verlangen der Alliierten ernannte Premierminister der Londoner Exilregierung, Ivan Subasic, ein Abkommen, das Titos Forderungen erfüllt. Dazu gehört unter anderem, daß »alle Volksverräter und Kollaborateure« und damit in erster Linie die Cetnici Mihailovics – die gefährlichsten innenpolitischen Gegner Titos – verfolgt und bestraft würden.

Am 7. März des folgenden Jahres konstituiert sich die Provisorische Regierung des »Demokratischen Föderativen Jugoslawien«, dem neben zwanzig Mitgliedern des AVNOJ, drei Mitglieder der Exilregierung und – als Bedingung der Alliierten – fünf Abgeordnete des Vorkriegsparlaments angehören. Parallel dazu wird die Parteienlandschaft mit der Gründung der »Volksfront« verändert. Sie dient – unter der Vormachtstellung der Kommunisten – der Abwehr beziehungsweise Neutralisierung der früheren bürgerlichen Parteien.

Schon nach kurzer Zeit bildet sie einen fast einheitlichen Block, dessen Politik von der KPJ bestimmt wird. Neue Gesetze zur Vereinigungs- und Versammlungsfreiheit, die 1945 und 1946 erlassen werden, untersagen jedwelche politische Tätigkeit außerhalb

Stalins Büste steht noch, doch der Bruch mit dem Kreml-Chef ist vollzogen: Tito auf dem V. Kongreß der KPJ Ende Juli 1948. (Süddeutscher Verlag)

der »Front« und weisen so schon früh den Weg in den Einparteienstaat. Die ersten Wahlen am 11. November 1945 gewinnt die »Volksfront« mit über 90 und 88 Prozent in den beiden Kammern der Verfassungsgebenden Versammlung; vier gegen die Kommunisten opponierende Parteien werden vor der Wahl extrem behindert und erhalten kaum zehn Prozent.

Am 29. November 1945 wird die Monarchie formell abgeschafft und die »Föderative Volksrepublik Jugoslawien« ausgerufen. Zwei Monate später, am 30. Januar 1946, nimmt die Versammlung die neue Verfassung der Republik an, wandelt sich selbst in ein

Titos Weg an die Spitze Jugoslawiens

Auch wenn die Jugoslawen seinen Geburtstag offiziell am 25. Mai gefeiert haben – Josip Broz »Tito« wurde am 7. Mai 1892 in Kumrovec, einem kleinen Dorf nördlich von Zagreb, geboren.
Als siebtes Kind des Bauern Franjo Broz besucht Josip zunächst die Volksschule; die vierte Klasse beendet er allerdings erst 1905, weil er auf dem väterlichen Hof schwer arbeiten muß. Zwei Jahre später beginnt er eine Lehre als Schlosser, die er 1910 beendet. Im gleichen Jahr zieht er nach Zagreb und wird Mitglied des Gewerkschaftsbundes sowie der Sozialdemokratischen Partei Kroatiens.
Mit fünfzig Kollegen geht er zwei Jahre später – die Fabrik, in der er zu dieser Zeit arbeitet, macht Bankrott – zuerst nach Böhmen, anschließend nach Pilsen, Bayern, ins Ruhrgebiet und nach Wien, um dort jeweils für einige Monate zu arbeiten. In Wien erreicht ihn 1913 die Einberufung in die österreichisch-ungarische Armee; er bemüht sich erfolgreich um die Versetzung in das 25. Heimwehr-Regiment und kommt nach Zagreb.
Im Januar 1915 wird das Regiment in die Karpaten verlegt. Nur zwei Monate darauf wird Tito verletzt und gerät in russische Kriegsgefangenschaft. Zwei Jahre später nimmt er an den Juli-Demonstrationen gegen die neue Regierung in Petersburg teil und wird deshalb in den Ural verbannt. Von dort kann er flüchten, kommt aber erst im September 1920 in die Heimat zurück.
Im gleichen Jahr tritt Josip Broz der KPJ bei, doch schon im Dezember verbietet die Regierung jede weitere Arbeit der Kommunisten. Trotz des Verbots engagiert sich Broz in der Partei, organisiert mehrere Streiks und wird im Oktober 1927 wegen der Verbreitung kommunistischer Texte zu sieben Monaten Haft auf Bewährung verurteilt. In den beiden ersten Monaten 1928 tritt er in das Ortskomitee Zagrebs ein und beginnt damit, die Zersplitterung und den Streit innerhalb der Partei zu kritisieren. Im Mai des gleichen Jahres wird er Provinzsekretär in Kroatien.
Ins Gefängnis kommt Josip Broz im November 1928: Im sogenannten »Bombenwerferprozeß« wird er zu fünf Jahren Zuchthaus verurteilt. Nach seiner Entlassung nimmt er seine Tätigkeit für die Partei wieder auf. Im März 1934 wird er in das Zentralkomitee aufgenommen; im August rückt er auf der Karriereleiter eine Stufe höher und wird Mitglied des Politbüros – neuer Deckname »Tito«. Sechs Monate später geht er nach Moskau und arbeitet in der Balkanabteilung der

Komintern. Zwei weitere Jahre vergehen, bis er die Reorganisation der Partei in Jugoslawien übernimmt, die zu dieser Zeit kaum mehr als 500 Mitglieder in ihren Reihen hat.
Einer Aufforderung, im Oktober 1937 nach Moskau zu kommen, folgt Tito nicht, weil er Angst hat, ebenfalls Opfer der inzwischen bekannt gewordenen Säuberungsaktionen Stalins zu werden. Ein Jahr später begibt er sich doch in die sowjetische Hauptstadt. In dieser Zeit wird er zum Generalsekretär der Kommunisten Jugoslawiens ernannt – Tito fühlt sich sicher.
Vier Tage nach dem Überfall der Achsenmächte auf Jugoslawien am 10. April 1941 bildet die KPJ zur Organisation des Widerstandes ein Militärkomitee – und Tito wird dessen Leiter. Im Dezember des gleichen Jahres gründet die Partei die 1. Proletarische Brigade, den Kern der späteren Volksbefreiungsarmee Jugoslawiens.
Eine breitere Basis erhält der Widerstand auf der von Tito eröffneten ersten Sitzung des Antifaschistischen Rates der Volksbefreiung Jugoslawiens (AVNOJ) im November 1942; auf der zweiten Sitzung des AVNOJ ein Jahr später wird Tito zum Präsidenten des Nationalkomitees gewählt und zum Marschall ernannt.
Im Frühjahr 1944 wird das Hauptquartier Titos von deutschen Luftlandeeinheiten angegriffen, doch die Partisanen können die Attacke am 25. Mai erfolgreich abwehren. Im Sommer führt Tito Gespräche mit Churchill und Stalin zur Organisation der Zusammenarbeit und zur Abgrenzung der Interessen.
Am 8. März des folgenden Jahres kommt es – nach zwei Abkommen mit der gleich nach dem Einmarsch der deutschen Truppen geflüchteten königlichen Exilregierung – zur Bildung einer gemeinsamen jugoslawischen Regierung mit Tito an der Spitze.

reguläres Parlament um und ernennt die erste Regierung unter Vorsitz von Josip Broz Tito. Die neue Republik soll demokratisch und föderativ strukturiert sein. Das Parlament besteht aus zwei gleichberechtigten Kammern, dem Bundesrat als nationaler Kammer und dem Nationalitätenrat, in dem Vertreter der Teilrepubliken sitzen.

Die gesamte Industrie, die Banken und die Bergwerke werden verstaatlicht. Im Rahmen einer Bodenreform wird das Land den armen Bauern zugeteilt, zu einem erheblichen Teil aber auch in landwirtschaftliche Genossenschaften zusammengefaßt. Die Einführung der Planwirtschaft läßt sich auf die enge Anlehnung an das sowjetische Modell zurückführen, zeugt andererseits aber von der Hoffnung, damit regionale Entwicklungsunterschiede im Sinne größerer Gerechtigkeit schneller ausgleichen zu können.

Verglichen mit der Politik im feudalen und zentralistischen Vorkriegs-Jugoslawien stellt die neue Struktur des Staates einen erheblichen Fortschritt dar, weil erstmals der Versuch unternommen wird, der ethnischen Unterschiede und Interessenkonflikte gerecht zu werden. Doch obwohl selbst die KPJ seit Mitte der dreißiger Jahre föderalistisch aufgebaut ist, nimmt im Lauf der Zeit der Zentralismus in Partei und Staat zu. Die Selbständigkeit der Gliedstaaten wird begrenzt von den wachsenden Kompetenzen der Regierungszentrale in Belgrad.

Hoffnungen Titos und der KPJ, die nationalistischen Konflikte ein für allemal gelöst zu haben, werden später enttäuscht. Bevor diese jedoch - in den sechziger und siebziger Jahren - erneut zutagetreten, prägen die schweren Auseinandersetzungen mit der UdSSR und der sich anschließende jugoslawische Sonderweg im Innern wie nach außen - der »Titoisimus« - das politische Geschehen.

Nach Ende des Krieges muß sich Tito eng an den ideologischen Vebündeten Sowjetunion anlehnen, weil Konflikte um slowenisch besiedelte Gebiete im Nordwesten des neuen Staates Ärger mit Österreich und Italien und damit auch mit den Alliierten hervorrufen. Sowjetische Militärberater kommen ins Land, erste Kooperationsabkommen im wirtschaftlichen Bereich werden angepeilt. Gleichzeitig ist Tito bemüht, die Unabhängigkeit seines Landes zu wahren. Unter keinen Umständen soll Jugoslawien in den entstehenden Ost-West-Konflikt hineingezogen werden.

Die Sowjets denken anders: Sie sind daran interessiert, die Abhängigkeit Jugoslawiens zu erhöhen. Ihre Militärberater bemühen sich schon bald nach ihrer Ankunft, Mitarbeiter für den sowjetischen Geheimdienst zu werben; die Wirtschaftsberater versuchen, in den wichtigsten Zweigen der jugoslawischen Wirtschaft eine Vormachtstellung des »großen Bruders« zu sichern. Ganz im Sinne eines Satelliten sollen die Rohstoffe des Landes der Versorgung der UdSSR dienen. Ideologischer Streitpunkt: die unterschiedlichen Standpunkte Titos und Stalins zum Verhältnis

Acht Jahre später lachen sie wieder: Stalins Nachfolger Nikita Chruschtschow und Tito, 1956. (Keystone)

der sozialistischen Länder untereinander. Für die Sowjetunion gilt die eigene Vormachtstellung als unverrückbar, für Tito soll jedes Land als gleichberechtigter Partner agieren.

In dieser Situation stimmt Tito dem Beitritt zu einer Organisation zu, die offiziell der gegenseitigen Hilfe und dem Gedankenaustausch der sozialistischen Bruderstaaten dienen soll – dem »Kommunistischen Informationsbüro« (Kominform). Der Sitz des Büros soll nach dem Beschluß der wichtigsten Vertreter kommunistischer Staaten, im September 1947, in Belgrad sein. Das erhöht die Bedeutung Jugoslawiens im sozialistischen Lager, aber auch die Präsenz der Sowjets im Land. Deren Versuche, im Rahmen von gemischten Unternehmen mehr Kontrolle über das Partnerland zu erlangen, sind allein in zwei Fällen - einer Luftverkehrs- und einer Flußschiffahrtsgesellschaft - erfolgreich; zu mehr Kooperationen kommt es auf Bestreben der Jugoslawen und zum Ärger der Sowjets nicht.

In der Außenpolitik verfolgt Tito ebenfalls eine möglichst unabhängige Linie. Zum Konflikt kommt es, als er seine Unterstützung für die Kommunisten Griechenlands fortsetzt, obwohl Stalin - aus Angst vor einem Eingreifen der Amerikaner - jegliches Engagement in der Ägäis ablehnt. Verärgert über den Ungehorsam der Jugoslawen, fordert Stalin eine öffentliche Selbstkritik des »Verbündeten«. Doch Tito lehnt - trotz mehrfacher Aufforderung aus Moskau - ab. Er widerspricht der sowjetischen Fassung, daß sich sein Land dem kapitalistischen Westen annähere, weil es nicht bereit sei, sich der Vormacht der UdSSR zu unterwerfen. Der Bruch wird am 28. Juni 1948 vollzogen, als die übrigen Kominform-Mitglieder auf einer außerordentlichen Sitzung in Bukarest - unter der Regie Moskaus - Jugoslawien aus dieser kommunistischen Organisation ausschließen.

Die Kontakte werden abgebrochen; die UdSSR erhöht ihren wirtschaftlichen Druck auf das Land. Liefer- und Investitionsabkommen werden gekündigt oder nicht erfüllt; alle Kominform-Mitgliedsstaaten machen eigene Produkte für das Land unerschwinglich und nehmen der jugoslawischen Volkswirtschaft nichts mehr ab. Anfang 1949 wird Jugoslawien schließlich aus dem Rat für Gegenseitige Wirtschaftshilfe (RGW) ausgeschlossen - der Anfang einer Wirtschaftsblockade.

Tito reagiert auf die von der Sowjetunion provozierte Isolation seines Landes in mehrfacher Weise: Auf wirtschaftlichem Gebiet institutionalisiert er in den fünfziger Jahren das Modell der Arbeiterselbstverwaltung und proklamiert - im Widerstreit zur UdSSR - das Recht auf einen eigenen Weg zum Sozialismus *(beides wird im Wirtschaftskapitel ausführlich behandelt; Anm. d. Red.).*

Außenpolitisch beharrt er auf dem Standpunkt, daß alle sozialistischen Länder gleichberechtigte Partner seien, und initiiert und fördert die Bewegung der Blockfreien. Darüber hinaus werden moskautreue Kommunisten nicht mehr geduldet; über 15000 werden in den folgenden Jahren verhaftet und in das berüchtigte Internierungslager auf der Insel Goli Otok verbannt. Die Kommunistische Partei dokumentiert ihre Trennung von Moskau, indem sie sich auf ihrem sechsten Parteikongreß im November 1952 in »Bund der Kommunisten Jugoslawiens« (BdKJ) umbenennt.

Das Verhältnis zur Sowjetunion schwankt in den folgenden Jahrzehnten mehrfach, der Bruch Ende der vierziger Jahre legt den weiteren Weg Jugoslawiens jedoch weitgehend fest. Daran ändert sich nur wenig, als Stalins Nachfolger Nikita Chruschtschow in der »Belgrader Deklaration« vom 2. Juni 1955 frühere

Die ›Großen Drei‹ der Blockfreien-Bewegung: Tito, Indiens Premier Jawaharlal Nehru und Ägyptens Staatspräsident Gamal Abdel Nasser (v.l.n.r.), 1961. (Keystone)

Fehler eingesteht und den jugoslawischen Weg im Nachhinein befürwortet. Während Tito den ein Jahr später erfolgenden Einmarsch nach Ungarn noch hinnimmt, kritisiert er die Niederschlagung des Prager Frühlings heftig und versteht sie als Warnung an die eigene Adresse und den Reformkurs Jugoslawiens.

Als Folge der östlichen Blockade ist das Land gezwungen, in wachsendem Maße die militärische und wirtschaftliche Hilfe des Westens in Anspruch zu nehmen. Die Unterstützung der Vereinigten Staaten - in Form von Krediten, Lebensmitteln und technischer Hilfe - beläuft sich allein zwischen 1950 und 1960 auf mehr als zwei Milliarden US-Dollar. Weitere Hilfe erhält das Land in erster Linie aus Großbritannien, Frankreich und der Bundesrepublik Deutschland. Trotzdem bleibt die jugoslawische Regierung bemüht, ihre Eigenständigkeit zu wahren; ein Anschluß an das westliche Bündnissystem wird ausgeschlossen. Das Ziel der »friedlichen Koexistenz« zwischen den Bündnisblöcken setzt vielmehr voraus, das Verhältnis zu beiden Seiten zu entspannen.

In den fünfziger Jahren bemüht sich Tito, das Modell der Blockfreiheit in vielen Dritte-Welt-Ländern zu propagieren. Im Zuge dessen treffen am 22. Dezember 1954 Indiens Premier Nehru und der jugoslawische Staatschef zusammen; gemeinsam veröffentlichen sie die Deklaration über die »aktive friedliche Koexistenz«. Nur sechs Monate später, am 23. Juni 1955, kommt es in der jugoslawischen Hauptstadt zur Deklaration von Belgrad, in der das Recht auf unterschiedliche Wege zum Sozialismus proklamiert wird.

1956 organisiert Tito ein »kleines Gipfeltreffen« (Sundhaussen) mit dem ägyptischen Staatspräsidenten Gamal Abd-el Nasser, dem indischen Premierminister Nehru und dem indonesischen Präsidenten Sukarno, um seine Vorstellungen zu präzisieren. Fünf Jahre später, vom 1. bis zum 6. September 1961, kommen mehr als zwanzig Staatschefs zur ersten Konferenz der Blockfreien. Damit gelingt es Tito, sein außenpolitisches Ziel der Blockfreiheit als System kollektiver Sicherheit zu institutionalisieren.

Welch großes Interesse die Bewegung vor allem in der Dritten Welt hervorruft, dokumentiert die schnell wachsende Zahl der Mitglieder. Auf der zweiten Konferenz 1964 in Kairo nehmen knapp fünfzig Mitglieder und elf Beobachter teil; auf der sechsten

Konferenz im Herbst 1979 in Havanna sind es mehr als neunzig. Im gleichen Jahr indes wird demonstriert, wie labil das System ist: Der Einmarsch der UdSSR in das blockfreie Afghanistan kann nicht verhindert werden. Zwar kann sich Tito auf der Konferenz von Havanna erfolgreich dagegen wehren, daß die Blockfreien-Bewegung unter die Vormacht der Sowjetunion gerät. Ein knappes Jahr vor seinem Tod - im Mai 1980 - muß er ihre Schwäche jedoch eingestehen.

Ende der sechziger und Anfang der siebziger Jahre wird Tito im Land selbst mit einem Problem konfrontiert, das er für gelöst erachtet hatte: den Auseinandersetzungen zwischen den einzelnen Nationalitäten. Die Ursprünge der neuerlichen Probleme gehen allerdings auf das Verfassungsgesetz von 1953 zurück. In der Überzeugung, daß der sozialistische Umbau der Gesellschaft die Frage der Nationalität gelöst habe, wird die Vertretung der einzelnen Republiken, der Nationalitätenrat, als zweite Kammer des Parlaments aufgelöst und der ersten eingegliedert. An Stelle des Nationalitätenrats wird ein Produzentenrat institutionalisiert, der das Prinzip der Selbstverwaltung in den Vordergrund stellt.

Auch die neue Verfassung vom April 1963 ändert daran wenig; wieder tritt der föderative Charakter der Verfassung in den Hintergrund. Der Nationalitätenrat bleibt Untergliederung des Bundesrates, obwohl im neuen Titel - »Sozialistische Föderative Republik Jugoslawien« - das bundesstaatliche Moment wichtiger Bestandteil bleibt.

Eine erste Wende erfolgt auf dem VIII. Kongreß des Bundes der Kommunisten Ende 1964, als sich Tito selbst gegen Bestrebungen, die nationale Frage herunterzuspielen oder zu leugnen, verwahrt. Er reagiert damit auf beginnende Auseinandersetzungen - in Partei und Gesellschaft - über eine von der Regierung angestrebte liberalere Wirtschaftspolitik.

Sie kommt primär jenen zugute, deren ökonomische Entwicklung weiter fortgeschritten ist. Das gilt vor allem für die Unternehmen in den beiden Republiken im Nordwesten, in Slowenien und Kroatien; der Südosten profitiert hingegen vergleichsweise wenig von den möglichen Reformen.

Damit bereitet das Entwicklungsgefälle im Vielvölkerstaat den Boden für Mißgunst und erneut aufflammenden Streit unter den

Nationalitäten. Die Beschwichtigungsversuche Titos reichen zur Beruhigung nicht aus: In den folgenden Jahren verschärfen sich die Auseinandersetzungen auf wirtschaftlicher und kultureller Ebene. So fordern beispielsweise die beiden Schriftstellerverbände in Kroatien und Montenegro die Abschaffung des Serbo-Kroatischen und die Aufwertung der jeweiligen »reinen« Landes- zur Amtssprache.

Auf dem IX. Parteitag des BdKJ im März 1969 ersetzt die Partei das Zentralkomitee durch ein Präsidium. Seine Besetzung kann nur nach einem streng reglemtierten Verteilungsschlüssel für die Zahl der Delegierten aus den verschiedenen Republiken erfolgen – eine deutliche Machtverlagerung zugunsten der einzelnen Republiken. Auf staatlicher Ebene wird nachgezogen: Im Juni 1971 verabschieden die Abgeordneten im Bundesparlament insgesamt 22 Änderungen der Verfassung und bilden alle Führungsgremien des Staates auf der Grundlage des nationalen Ausgleichs um.

Von besonderer Bedeutung ist der Umbau an der Staatsspitze: An die Stelle des Staatspräsidenten tritt ein kollektives Präsidium, in das jede Republik und die beiden autonomen Provinzen je einen Vertreter entsenden. Außerdem gehört der Präsident der Partei dem obersten Staatsorgan an. Das Amt des Vorsitzenden im Präsidium wechselt regelmäßig; allein Titos Mandat als Präsident des kollektiven Gremiums wird bis an sein Lebensende verlängert.

Zu einer Befriedung der nationalen Auseinandersetzungen reicht auch das nicht aus: Vor allem in Kroatien nehmen die nationalistischen Kundgebungen im Herbst des gleichen Jahres zu. Die kroatische Parteiführung unterstützt die Proteste vorsichtig, um die eigene Macht nicht zu gefährden. Am 22. November treten 30 000 Studenten in einen unbefristeten Streik. Sie wollen die Forderungen der kroatischen Parteispitze nach einer für die Republik günstigeren Neuberechnung der Devisenzuteilungen unterstützen.

Tito befürchtet, daß die Demonstrationen in bürgerkriegsähnliche Zustände münden könnten und entscheidet sich einzugreifen. Auf einer Sondersitzung des BdKJ, Anfang Dezember 1971, droht Tito mit dem Einsatz des Militärs; zum tatsächlichen Einsatz kommt es aber nicht. Am Tag nach der Sitzung beenden die Studenten ihren Streik, eine Woche später gibt die Parteiführung

Hunderttausende trauern um Tito:
Staatsbegräbnis am 8. Mai 1980. (dpa)

in Kroatien alle Ämter ab. Die Parteizentrale in Belgrad übt heftige Kritik an allzu liberaler Politik in einzelnen Republiken und trimmt die Gesamtpartei - vor allem auf ihrem X. Parteitag im Mai 1974 - wieder auf einen zentralistischeren Kurs.

Dessen ungeachtet werden die 1971 durchgeführten föderalistischen Veränderungen in der vierten jugoslawischen Nachkriegsverfassung, die die Bundesversammlung Ende Januar 1974 verabschiedet, erneut verankert. Parallel dazu ersetzt die Versammlung das bisherige parlamentarische Wahl- durch ein Delegiertensystem und führt so mehrere weitere Ebenen zwischen Wählern und Abgeordneten ein - einzigartig auf der Welt.

Diese und zusätzliche wirtschaftliche Reformen vermögen es bis zum Tode Titos am 4. Mai 1980 nicht, das größte Problem des Vielvölkerstaates zu lösen und die Auseinandersetzungen der Nationalitäten zu schlichten. Schon ein Jahr nach dem Tod dieser für Jugoslawien so wichtigen Integrationsfigur brechen in der autonomen Provinz Kosovo schwere Unruhen gegen die Politik der Serben und des Zentralstaates aus. Sie sind jedoch nur Vorboten dessen, was Ende der achtziger Jahre - auch durch die sich schnell verschlechternden wirtschaftlichen Bedingungen - beginnt: der Machtverfall der Kommunisten und die Auflösung des Staates Jugoslawien.

Das politische System

Die »Sozialistische Föderative Republik Jugoslawien« (SFRJ) *(trotz marktwirtschaftlicher und demokratischer Entwicklungen in den einzelnen Republiken ist der Zusatz ›sozialistisch‹ bislang nicht gestrichen worden; Anm. d. Red.)* besteht aus sechs Republiken und zwei Provinzen: den Republiken Slowenien, Kroatien und Bosnien-Herzegowina, den Sozialistischen Republiken Serbien, Makedonien und Montenegro sowie den beiden Provinzen Kosovo und Vojvodina. Sämtliche Republiken und Provinzen haben eine eigene Verfassung, politische Organe, eine eigene Rechtsprechung und Kulturhoheit. Wobei der Autonomiestatus der beiden Provinzen von Serbien im Juni 1990 einseitig aufgehoben worden ist. Im Sinne einer Föderation galt der Bund bislang als übergeordnete Staatsgewalt.

Slowenien und Kroatien fordern, die Föderation in eine Konföderation unabhängiger, das heißt souveräner Staaten umzuwandeln. Dies würde die Kompetenzen des Bundes weitgehend beschneiden, ihn auf lange Sicht vielleicht sogar überflüssig machen. Trotz intensiver Verhandlungen herrscht derzeit Unklarheit über die staatsrechtliche Ordnung Jugoslawiens. Die bisherige Staatsform wurde nicht ausdrücklich abgeschafft. Jedoch setzen die Republiken eigenständig Bundesgesetze außer Kraft oder erkennen bundesstaatliche Verfassungsgrundsätze nicht mehr an.

Das Staatspräsidium, das formal seit 1971 besteht, ist oberstes Staatsorgan in Jugoslawien. In diesem - seit 1980 - achtköpfigen Gremium sitzt jeweils ein Vertreter der sechs Teilrepubliken und der beiden Provinzen. Der Vorsitz wechselt turnusgemäß jedes Jahr; alleine für Tito wurde dieses Mandat von 1971 an bis zu seinem Tode 1980 immer wieder verlängert.

Dem Präsidium unmittelbar unterstellt ist der Nationale Verteidigungsrat sowie der Bundesrat für den Schutz der Verfassung. Das Präsidium besitzt ein Vorschlagsrecht für die Gesetzgebung, kann das Parlament auflösen und ist als Kollektiv oberster Befehlshaber der Streitkräfte.

Da der Wechsel vom Serben Borisav Jovic zum Kroaten Stipe Mesic als Vorsitzendem, durch die Einflußnahme der serbischen

Regierung, im Staatspräsidium keine Mehrheit fand, ist Jugoslawien derzeit ohne Staatsoberhaupt.

Als Volksvertretung agiert das Bundesparlament - auch Bundesversammlung genannt -, das aus zwei Kammern besteht: der Bundeskammer, auch Bundesrat genannt (220 Mitglieder), und der Kammer der Republiken und Provinzen, auch als Rat der Republiken und Provinzen bezeichnet (88 Mitglieder). Die Vertreter werden im Rahmen eines verschachtelten Delegiertensystems und in einem komplizierten Wahlverfahren gewählt. Als Legislative entscheidet die Bundeskammer über die Grundlinien der Innen- und Außenpolitik sowie über internationale Abkommen und Verträge. Die Kammer der Republiken und Provinzen regelt in erster Linie die Wirtschaftspolitik. Verfassungsänderungen sind nur mit Zustimmung aller Republiken möglich.

Exekutive ist der Bundesvollzugsrat (Regierung). Der Präsident des Bundesvollzugsrat ist Regierungschef (Ministerpräsident). Er wird vom Bundesparlament bestimmt. Seit 1989 hat Ante Markovic dieses Amt inne. Der Regierung unterstehen die Bundes-Direktorate und die Bundesinstitute. In der dreigeteilten rechtsstaatlichen Verfassung besteht die Judikative aus dem Bundesgerichtshof und dem Bundesverfassungsgericht.

Neben diesen Bundesorganen besitzen alle Republiken eigene Staatsoberhäupter, Parlamente und Regierungen. Dabei gibt es in den meisten Republiken kein kollektives Staatsoberhaupt, sondern einen Präsidenten: in Kroatien Franjo Tudjman, in Makedonien Kiro Gligorov, in Montenegro Momir Bulatovic, in Serbien Slobodan Milosevic und in Slowenien Milan Kucan. Nur Bosnien-Herzegowina bildet die Ausnahme: Dort regiert ein Präsidium, in dem Vertretern der ansässigen Nationalitäten sitzen.

Die Republik Bosnien-Herzegowina hat ein Zweikammer-Parlament. Es besteht aus dem Rat der Bürger (130 Abgeordnete) und einem Rat der Gemeinden, in den die 110 Gemeinden der Republik je einen Vertreter entsandt haben.

Die ersten freien Wahlen auf Basis des Mehrparteiensystems fanden am 18. November und am 2. Dezember 1990 statt. Die Parlamentssitze entfielen - dem Verhältnis der Nationalitäten entsprechend - auf die jeweiligen nationalen Parteien. Das Parlament, in dem die Muslime die Mehrheit errungen haben, wählt die

Ort der politischen Auseinandersetzungen: das Parlament – die Skupstina – in Belgrad. (Ullstein)

Regierung. Seit dem 19. Dezember 1990 führt das Kabinett Pelivan die Republik.

Im Parlament der Sozialistischen Republik Makedonien sitzen 120 Abgeordnete. Anläßlich der ersten freien Wahlen am 11. und 25. November 1990 erhielten die kommunistischen Parteien die Mehrheit. Allerdings werfen Kritiker den regierenden Kommunisten Wahlmanipulationen vor.

Die Sozialistische Republik Montenegro besitzt ein Parlament mit 125 Sitzen. Am 9. Dezember 1990 wurden die Montenegriner zur Wahl aufgerufen. Der Bund der Kommunisten erhielt eine breite Mehrheit. Und auch hier wählt das Parlament die Regierung. Seit Dezember 1990 ist die Regierung Djukanovic im Amt.

250 Abgeordnete bilden das Parlament der Sozialistischen Republik Serbien. Die Sozialistische Partei Serbiens, sprich die ehemalige Kommunistische Partei, ging aus den Wahlen am 9. und am 13. Dezember 1990 als Sieger hervor. Vor allem in der Provinz Kosovo wurden die Wahlen allerdings erheblich manipuliert. Seit Januar 1991 lenkt die Regierung Zelenovic - vom Parlament gewählt - die Geschicke der Republik.

Die Volksvertretung der Republik Slowenien ist aus drei Kammern mit je 80 Abgeordneten zusammengesetzt: dem sogenannten Gesellschaftspolitischen Rat, bestehend aus gewählten Abgeordneten, dem Rat der Gemeinden, in dem Gemeindevertreter sitzen, sowie dem Rat der Assoziierten Arbeit, in dem Delegierte der (noch) selbstverwalteten Betriebe vertreten sind. Bei den am 8. und am 22. April 1990 abgehaltenen Wahlen auf Basis des Mehrparteiensystems erhielt die bürgerliche Demokratische Union Sloweniens die Mehrheit. Seit Mai 1990 regiert das vom Parlament gewählte Kabinett Peterle.

Auch die Republik Kroatien hat - ähnlich Serbien - ein Drei-Kammer-Parlament mit insgesamt 356 Sitzen. Bei den ersten freien Wahlen am 22. und 23. April und am 6. sowie 7. Mai 1990 errang die Kroatische Demokratische Gemeinschaft den Sieg. Das Parlament wählte im August 1990 die Regierung Manolic.

DIE WIRTSCHAFT

Der Weg zur sozialistischen Marktwirtschaft

Nach dem Krieg und der Machtübernahme der Kommunisten unter Tito wird in Jugoslawien die Umgestaltung der Wirtschaft, entsprechend dem Vorbild der sowjetischen Zentralverwaltungswirtschaft, in Angriff genommen. Die Kriegsschäden sind enorm: Etwa 1,7 Millionen Menschen haben ihr Leben verloren, die materiellen Schäden betragen rund 9,1 Milliarden Dollar. Die wichtigsten Industrie- und Verkehrsanlagen, zahlreiche Städte und Dörfer sind zerstört. Der Wiederaufbau des rückständigen Landes soll mit Hilfe sowjetischer Militär- und Wirtschaftsberater vorangetrieben werden.

Schon während des Krieges begannen die Kommunisten mit den ersten Enteignungen. Betroffen waren zu diesem Zeitpunkt vor allem diejenigen, denen vorgeworfen wurde, mit den Deutschen zusammengearbeitet zu haben. Mit dem im Dezember 1946 erlassenen Gesetz über die Nationalisierung der privaten Wirtschaftsbetriebe werden dann alle übrigen bedeutenden Industrie-, Handels- und Versorgungsunternehmen in Staatseigentum überführt, so daß die Verstaatlichung bis 1948 weitgehend abgeschlossen ist. Lediglich in der Landwirtschaft geht das kommunistische Regime behutsamer vor.

Bereits 1947 verabschiedet die Regierung einen ersten ausführlichen Fünfjahresplan, der ein ehrgeiziges Entwicklungs- und Industrialisierungsprogramm enthält. Wiederum dienen die sowjetischen Wirtschaftspläne als Vorbild. Doch trotz der formal engen Anlehnung an das Sowjetreich wachsen bereits in diesem Zeitraum die Spannungen zwischen Jugoslawien und der Sowjetunion. Tito hat sich die ›brüderliche Hilfe‹ Stalins anders vorgestellt und ist nicht bereit, die sowjetischen Versuche zur politischen Beherrschung und wirtschaftlichen Ausbeutung Jugoslawiens zu tolerieren.

Der Ausschluß Jugoslawiens aus der Kominform 1948 bedeutet nicht nur einen politischen Bruch zwischen den beiden sozialistischen Staaten, sondern läßt die Kommunisten in Jugoslawien

Maribor
Lendava
Mezika
UNGARN
Idrija
Ljubljana
Koprivnika
Zagreb
Drau
Sombo
Rijeka
Daruvar
Umag
Osijek
Topusko
Save
Senj
Lubija
Bihać
Banja Luka
Loznic
Jajce
Drvar
Zadar
Knin
Sarajewo
Drina
Split
Mostar
ADRIATISCHES MEER
Dubrovnik
Titogra
Kernkraftwerk
Wasserkraftwerk
Wärmekraftwerk
Eisen- u. Stahlerzeugung
Hüttenwerke
Zementfabrik
Skopje
Wichtiger Industrie-
standort
Steinkohleförderung
Braunkohleförderung
Erdöl
Erdgas
Erdölraffinerie
Erdöl-Pipeline

Industriestandorte in Jugoslawien

auch ihre wirtschaftliche Konzeption neu überdenken. Dem sowjetischen Wirtschaftssystem wird vorgeworfen, trotz Verstaatlichung nichts an der entfremdeten Situation des arbeitenden Menschen geändert zu haben: An die Stelle des privaten Unternehmers sei lediglich der Staat mit seinem bürokratischen Machtapparat und Terror getreten, die Mitbestimmung der Arbeiter sei genauso wenig verwirklicht wie im Kapitalismus. Man beginnt, einen vom sowjetischen Modell abweichenden Weg einzuschlagen, demzufolge sich der Staat - entgegen herkömmlicher Sozialismusvorstellungen - so weit wie möglich aus der Wirtschaft zurückziehen soll.

Das Ziel einer echten Demokratisierung und Humanisierung der Wirtschafts- und Arbeitswelt soll durch die Einführung des gesellschaftlichen Eigentums erfolgen, das in der Entwicklung der sogenannten Arbeiterselbstverwaltung gipfelt. Gesellschaftliches Eigentum ist im jugoslawischen Modell gerade nicht identisch mit Staatseigentum, sondern nach Auffassung der jugoslawischen Kommunisten erst dann verwirklicht, wenn die Arbeiter in den Betrieben und Unternehmen selbst über die Produktionsmittel und die Einnahmen ihres Unternehmens verfügen können.

Durch die direkt am Arbeitsplatz einsetzende Arbeiterselbstverwaltung hoffen die Kommunisten, die ursprünglichen, sozialistischen Ziele zu erreichen: die Selbstverwirklichung und Selbstbestimmung des Arbeiters, eine gerechtere Mischung zwischen körperlicher und geistiger Arbeit sowie zwischen leitenden und ausführenden Tätigkeiten für jeden Beschäftigten. Indem die in den Arbeitskollektiven organisierten Arbeiter selbst über Produktion, Investition und Einkommensverteilung entscheiden, soll die im Kapitalismus kritisierte Entfremdung des Arbeiters von seiner Arbeit verringert und eine Ausbeutung verhindert werden.

Welche Güter in welchen Mengen hergestellt werden müssen sowie die Frage ihrer Verteilung soll allerdings über den Markt beziehungsweise die Marktpreise geregelt werden: eine klare Absage an die Planwirtschaft. Wenn also von »Jugoslawiens Drittem Weg« gesprochen wird, so heißt dies in der Ökonomie: eine sozialistische Marktwirtschaft auf der Basis von gesellschaftlichem Eigentum und Arbeiterselbstverwaltung.

Die Umsetzung dieser Konzeption erfolgt schrittweise. 1949 führen die jugoslawischen Kommunisten in 215 Betrieben Arbeiterräte auf Probe ein; im Juni 1950 wird die Arbeiterselbstverwaltung mit dem ›Grundgesetz über die Verwaltung von Wirtschaftsunternehmen‹ gesetzlich verankert. In 6000 Betrieben werden daraufhin Arbeiterräte gewählt, die zwischen zwölf und 120 Mitglieder haben, doch ihre betriebliche Einflußmöglichkeit bleibt in der Praxis beschränkt. Nach wie vor liegt die Entscheidungskompetenz beim staatlich beaufsichtigten Direktor des Unternehmens, Angebot und Nachfrage werden weiterhin administrativ gelenkt.

1952 gibt es weitere Fortschritte: Die Betriebe können nun je nach Wirtschaftszweig über drei bis 17 Prozent ihrer Gewinne selbst verfügen. Die strengen staatlichen Wirtschaftspläne werden schrittweise von marktkonformen, indirekt wirkenden wirtschaftspolitischen Instrumenten abgelöst. Im Zuge der Dezentralisierung gibt der Bund Kompetenzen an die Republiken und Gemeinden ab – der Staatsapparat wird verkleinert. Bis zur Wirtschaftsreform im Jahre 1961 bleibt das jugoslawische Wirtschaftssystem dennoch in weiten Bereichen unter staatlichem Einfluß.

Zeugnis der Industrialisierung: Geflecht von Straßen und Schienen in der Hauptstadt Belgrad. (Interfoto)

Erst danach erhalten die Arbeiterräte das volle Recht, über das Einkommen der Betriebe selbst zu entscheiden und damit auch ihr eigenes Einkommen festzulegen. Doch obwohl lange im Gespräch, ist dieser radikale Schritt schlecht vorbereitet. So herrschen zu diesem Zeitpunkt derart ungleiche Bedingungen in den unterschiedlichen Betrieben, daß die Betriebsangehörigen in Wachstumsindustrien (z.B. Energie) ein Vielfaches dessen erhalten, was sich die Arbeiter in den weniger begünstigten Branchen (z.B. Tabak) zuteilen können. Allgemein neigen die Betriebsangehörigen dazu, bei Betriebserfolgen die persönlichen Einkommen zu erhöhen. Die benachteiligten Belegschaften ziehen schließlich nach, greifen die Reservekassen ihrer Unternehmen an, so daß in der Folge die Privateinkommen bald sehr viel stärker steigen, als die tatsächliche Arbeitsproduktivität.

Die Einkommensunterschiede entwickeln sich zur Ursache tiefer sozialer Spannungen und lokaler Egoismen. Verbunden mit einer wirtschaftlichen Rezession führt die überstürzte Reform zu einem Rückgang der Produktion von über zehn Prozent in den Jahren 1960 und 1961. Ab 1961 versuchen die jugoslawischen Kommunisten mit einer Vielzahl von Reformen, Verfassungszusätzen und einzelnen Wirtschaftsgesetzen das System der Arbeiterselbstverwaltung in den Griff zu bekommen, wobei die Wirtschaftsreform von 1964/65, in deren Rahmen schließlich auch die Rohstoffpreise freigegeben und die Investitionsentscheidungen endgültig in die Kompetenz der selbstverwalteten Arbeiterorganisationen gelegt werden, als der eigentliche Beginn der sozialistischen Marktwirtschaft gilt.

Die Flut gesetzlicher Vorschriften und Ausführungsbestimmungen ist selbst für Fachleute kaum noch zu überschauen. Die Arbeiter sind schlicht überfordert: Allein das 1976 erlassenene Reformgesetz über die assoziierte Arbeit, das abermals die betriebliche Organisation zum Thema hat, enthält über 300 Einzelbestimmungen. Weitere Änderungen folgen. Neben anderen Fehlentwicklungen führt die komplizierte Aufteilung der Betriebsorganisation in Arbeitseinheiten wie Buchhaltung, Kantine, Einkauf, Sekretariat, Untersekretariat sowie der einzelnen Produktionsstufen zu einer Atomisierung der Wirtschaftseinheiten. Jede dieser zahlreichen Grundorganisationen hat wiederum einen Arbeitsausschuß, einen Vorsitzenden, einen Sekretär und ähnliches.

Die Grundorganisationen wählen wiederum übergeordnete Betriebseinheiten und an der Spitze ein Management. Das gut gemeinte, auf Mitbestimmung und Selbstverwaltung ausgerichtete System wird zum Hemmschuh der Entwicklung: Die Beschäftigten sind in punkto Neuerungen und Investitionen weniger risikofreudig als erhofft. Die meisten Betriebsangehörigen sind in erster Linie auf die Sicherung ihres Arbeitsplatzes und ihrer persönlichen Einkommen bedacht. Die Manager sehen sich in einer verzwickten Lage: Sie haben jeweils abzuwägen zwischen den gesamtwirtschaftlichen Erfordernissen an den Betrieb und den unter Umständen anderslautenden Forderungen der Belegschaft, von der sie abgesetzt werden können. Als Folge werden unliebsame Entscheidungen oft gar nicht getroffen.

Durch zahllose innerbetriebliche Versammlungen und lange Diskussionen geht wertvolle Arbeitszeit verloren, was hohe finanzielle Verluste mit sich bringt. Darüber hinaus bleibt der Einfluß des Staates, der Gebietskörperschaften und der kommunistischen Partei auf den Wirtschaftsprozeß trotz formal anderslautender Bestimmungen bedeutend. Staat und Partei intervenieren punktuell in die Betriebsentscheidungen und bestimmen die gesamtwirtschaftlichen Größen: Sie entscheiden weiterhin über die allgemeine Wirtschaftspolitik, die im Umlauf befindliche Geldmenge, die Kreditpolitik der Banken, die Exportquoten und ähnliches. Gerade was den Kapitalfluß betrifft, sind den Kompetenzen der Arbeiterselbstverwaltungsorgane somit bald Grenzen gesetzt: Den Banken wird schließlich vorgeworfen, die Funktionen des Staates übernommen zu haben.

Auch innerhalb der Betriebe hat die Arbeiterselbstverwaltung ungerechte Machtverhältnisse nicht verhindern können. Nur wenige Funktionäre sind nämlich in der Lage, die zahllosen und komplizierten Anweisungen zu deuten und weiterzugeben, dem Rest bleibt nichts anderes übrig, als sie auszuführen. Außerdem ist die Verantwortung auf so viele verteilt worden, daß sich keiner mehr mit den Folgen der Entscheidungen identifizieren muß. Die Solidarität ist angesichts solch ungleicher Macht- und Einkommensverhältnisse je nach Region, Branche und betrieblicher Stellung häufig zur Makulatur geworden. Die Vorherrschaft des gesellschaftlichen Eigentums bedeutet zugleich auch die Einschränkung und Behinderung privater Initiative, wodurch wertvolle produktive Kräfte brachliegen.

Private Auslandsinvestitionen sind nur auf der Basis mehrjähriger Miet- oder Pachtverhältnisse erlaubt, wobei die ausländischen Investoren durch die Berge sich ändernder Paragraphen und Bestimmungen zusätzlich verunsichert werden. Schließlich bremsen auch die Konflikte zwischen den Republiken und autonomen Provinzen die wirtschaftliche Entfaltung Jugoslawiens. Faktisch zerfällt der jugoslawische Markt in acht unterschiedlich erfolgreiche Teilmärkte mit dem Ergebnis eines ausgeprägten Nord-Süd-Gefälles und regionaler Eigennützigkeiten. Industrielle Standorte werden nach politisch-nationalen, anstatt nach ökonomisch sinnvollen Aspekten ausgewählt, was weitere Produktivitätsverluste mit sich bringt.

Da in Jugoslawien Marktforschung allenfalls rudimentär betrieben wird, können die Konsumentenwünsche nicht zufriedenstellend erfüllt werden - mangels Kenntnis der Bedürfnisse wird nur selten das produziert, was verkauft werden könnte. Der Markt funktioniert also nur eingeschränkt. Sowohl der Bund als auch einige Republiken tendieren schließlich dazu, ihre riesigen Haushaltsdefizite statt über den Kapitalmarkt über die Geldpresse auszugleichen. Das Ergebnis dieser Politik ist eine sich rapide beschleunigende Inflation, die zum Zeitpunkt der Wirtschaftsreform von 1989 bereits 2000 Prozent beträgt. Das Vertrauen der jugoslawischen Bevölkerung in ihr Wirtschaftssystem und die Wirtschaftspolitik der Regierung ist geschwunden.

Die Abkehr von Sozialismus und Selbstverwaltung

In den ersten dreißig Jahren nach dem Krieg kann die jugoslawische Wirtschaft trotz großer Probleme insgesamt eine beachtliche Wachstumsdynamik entfalten, die zu diesem Zeitpunkt zu den größten der Welt zählt. Von 1947 bis 1980 gelingt es, das Bruttosozialprodukt um etwa das Siebenfache zu steigern, die durchschnittlichen jährlichen Wachstumsraten liegen bei rund 5,4 Prozent. Die ehrgeizigen Industrialisierungsziele veranlassen die jugoslawischen Kommunisten zu enormen Investitionen. Während die Industrieproduktion 1947 nur etwa die Hälfte der Agrarproduktion ausmacht, steigt der Anteil der Industrie und des Bauwesens am Bruttosozialprodukt bis 1988 auf 52 Prozent. Die landwirtschaftliche Produktion geht im gleichen Zeitraum auf 13 Prozent zurück.

Doch die ›scheinbaren‹ Erfolge der Industrialisierung und das große Wachstumstempo werden mit einer hohen Verschuldung im Ausland und einer steigenden Inflation erkauft. Seit den achtziger Jahren hat sich schließlich das Wachstumstempo der Wirtschaft erheblich verlangsamt und weist zuletzt negative

Ante Markovic, Initiator der 1989 eingeleiteten radikalen Wirtschaftsreform. (Süddeutscher Verlag)

Wachstumsraten auf. Die Industrieproduktion wird rückläufig, die ohnehin niedrige Arbeitsproduktivität sinkt weiter, Investitionen und Konsum nehmen ab. Bei gleichzeitig steigender Inflation fällt der Lebensstandard der jugoslawischen Bevölkerung kontinuierlich ab. Allein 1988 sinkt die Kaufkraft um durchschnittlich 8,4 Prozent.

Ein Stabilisierungsprogramm von 1982 und alle anderen Maßnahmen, die in der Folge ergriffen werden, werden entweder nicht verwirklicht oder verlaufen im Sande. Im Dezember 1988 muß Regierungschef Branko Mikulic aufgrund der wirtschaftlichen Lage zurücktreten. Seine Ankündigung, ein rein marktwirtschaftlich orientiertes Reformprogramm durchzuführen, erscheint der jugoslawischen Bevölkerung nicht mehr glaubwürdig. Noch in den beiden Jahren zuvor hatte die Regierung versucht, die Krise nur mittels eines verstärkten staatlichen Eingriffs - einschließlich der Einführung eines Lohn- und Preisstopps - zu bewältigen.

Darüber hinaus gibt es Anzeichen dafür, daß das Kabinett Mikulic auf Druck der Konservativen von der Politik der realen Zinsen abrücken will, da sie die Existenz der hochverschuldeten jugoslawischen Betriebe bedroht. Diese Politik ist jedoch notwendig, um den Zinssatz über der Inflationsrate zu halten.

Mikulics Nachfolger, der im Januar 1989 gewählte Kroate Ante Markovic, kündigt unmittelbar nach seiner Wahl den Aufbau eines völlig neuen Typs von Sozialismus an - ein Programm, das als Kernpunkte die Schaffung von selbständigen Unternehmen, die Öffnung Jugoslawiens gegenüber dem Ausland, eine Einschränkung des Staatsapparates und die Einführung von Marktgesetzen vorsieht. Allen Spekulationen über einen Lohn- und Preisstopp sowie über eine Abkehr von den realen Zinsen erteilt er eine Absage. Durch eine konsequente Freigabe der Preise, eine Liberalisierung der Importpolitik, durch reale Zinsen und einen marktkonformen Dinarkurs hofft Markovic, die sich dramatisch verschärfende Wirtschaftskrise aufzuhalten. Daß diese Politik über einen mehrjährigen Zeitraum zu sozialen Spannungen führen werde, weil - als Konsequenz dieser Politik - eine wachsende Zahl von Arbeitsplätzen verloren gehe, stellt für Markovic ein notwendiges Übel dar.

Im Dezember 1989 schließlich wird das marktwirtschaftlich ausgerichtete Wirtschaftsprogramm verabschiedet. Die Hauptpunkte der Reform sind:

- die Einführung der internationalen Konvertierbarkeit des Dinar auf Basis eines festgesetzten Wechselkurses gegenüber der Deutschen Mark von sieben zu eins *(Dinar zu D-Mark; Anm. d. Red.)*,
- die Drosselung des Konsums,
- die Rückkehr zu einer restriktiven Geldpolitik, um die Inflation einzudämmen,
- der Abbau von Subventionen sowie

- die Einführung von Privateigentum und die Privatisierung des gesellschaftlichen Eigentums.

Das neue Programm zeigt Wirkung: Unmittelbar nach seiner Verabschiedung sinkt die Inflation auf null Prozent, steigt dann aber wieder an und beträgt von Januar bis Dezember 1990 insgesamt 75 Prozent. Die Inflationsrate in den ersten drei Monaten des Jahres 1991 liegt bei 18,5 Prozent - insgesamt soll sie 1991 nach den Plänen der Regierung bei dreißig bis vierzig Prozent gehalten werden. Ursache des neuerlichen Anstieges der Inflation sind der gestiegene öffentliche Konsum sowie ebenfalls gestiegene Löhne und Gehälter in der zweiten Jahreshälfte des Jahres 1990. Diese beiden makroökonomischen Größen haben den Ende 1989 geplanten Rahmen um 107 Milliarden Dinar bzw. 57 Milliarden Dinar überschritten.

Aufgrund der restriktiven und inflationsfeindlichen Wirtschaftspolitik sinkt die Industrieproduktion 1990 um rund 18 Prozent, während die Arbeitslosigkeit gleichzeitig steigt. Für das Jahr 1991 wird allerdings ein weiterer Rückgang um zwanzig Prozent befürchtet - bei weiter steigenden Arbeitslosenzahlen. Über die Hälfte der Arbeitnehmer, das sind etwa drei Millionen Beschäftigte, arbeiten inzwischen in permanent unrentablen Betrieben. Auch beim Export sind die Daten mittlerweile negativ. Im März 1991 wird hier ein Rückgang um 17,2 Prozent registriert.

Jugoslawiens Devisenreserven sind auf weniger als vier Milliarden Dollar geschrumpft, wobei die Verschuldung des Bundes im In- und Ausland zusammen auf über fünfzig Milliarden Dollar geschätzt wird.

Allein 1991 resultieren daraus Zahlungsverpflichtungen (d. h. Tilgung und Zinsen) gegenüber dem Ausland von 4,3 Milliarden Dollar. Bereits im April 1991 übersteigt das jugoslawische Zahlungsbilanzdefizit damit eine Höhe von einer Milliarde Dollar. Ende 1990 wurde, aufgrund dieser absehbaren Entwicklung, eine Abwertung des Dinar von sieben auf neun gegenüber einer Mark notwendig, die am 1. Januar 1991 in Kraft trat. Mitte April 1991 wird eine weitere Abwertung von neun auf 13 Dinar gegenüber einer Mark durchgeführt.

Gleichzeitig beschließt die Regierung Markovic aus Furcht vor sozialen Protesten eine Erhöhung der Löhne und Gehälter der jugoslawischen Beschäftigten von 32 Milliarden auf 35,8 Milliarden Dinar im Monat, obwohl die ursprünglichen Pläne zur Inflationsbekämpfung genau das Gegenteil, nämlich geringere Ausgaben in diesem Bereich, vorsahen. Die angekündigte Lockerung der restriktiven Geldpolitik stößt in dieselbe Richtung. Trotz beachtlicher Anfangserfolge in Teilbereichen bleibt Marcovics vielversprechendes Reformprogramm erfolglos - nicht zuletzt, weil die sich zuspitzenden politischen Konflikte zwischen den Republiken eine einheitliche Wirtschaftspolitik weitgehend gegenstandslos gemacht haben.

Die Vorhaben der Bundesregierung werden unterlaufen oder nicht in Kraft gesetzt und statt dessen eigene Wirtschaftskonzepte entwickelt. Der Regierung Markovic gelingt es nicht, die von den Republiken Serbien, Slowenien und Kroatien errichteten Handelsbarrieren wieder einzureißen, wodurch sowohl der Handels- als auch der Geldverkehr im ganzen Staatsgebiet empfindlich gestört ist. Darüber hinaus sind die Finanzabläufe und der Zahlungsverkehr weitgehend außer Funktion gesetzt. Die Betriebe sind nicht willens oder nicht in der Lage, ihre Steuern zu entrichten. Die Republiken und Provinzen behalten die für den Bundeshaushalt oder für bundesweite Fonds bestimmte Steuern und andere Gelder ein; einzelne Dienststellen lenken, durch die Fälschung von Chiffre-Nummern in den Dokumenten beispielsweise, für den Bund bestimmte Finanzströme in die eigene Behörde um.

Bereits Ende 1990 beträgt die auf diese Weise von den Republiken und Provinzen ungesetzlich einbehaltene Summe schätzungsweise zehn Milliarden Dinar. Bislang bleiben die Bemühungen Markovics vergeblich, die Republiken zur Verabschiedung eines gemeinsamen Bundeshaushaltes zu bewegen. In Serbien häufen sich darüber hinaus die Beispiele, daß hier angesiedelte Filialen slowenischer Firmen ›kalt enteignet‹, das heißt, den eigentlichen Besitzern ohne gesetzliche Grundlage weggenommen werden. Zwar ist im Zuge der Wirtschaftsreform von 1989/90 das Herz des jugoslawischen Wirtschaftssystems, die Arbeiterselbstverwaltung, per Dekret abgeschafft, neue Strukturen indes sind nicht geschaffen worden. Viele Betriebe arbeiten in der Praxis deshalb in einem eigentums- und arbeitsrechtlichen Vakuum.

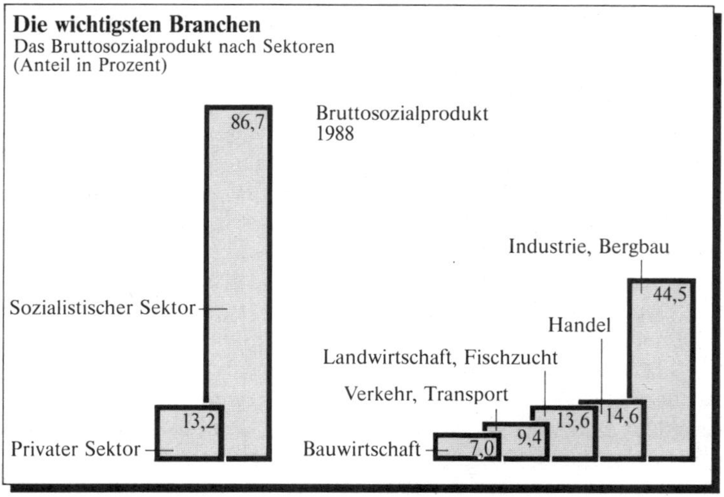

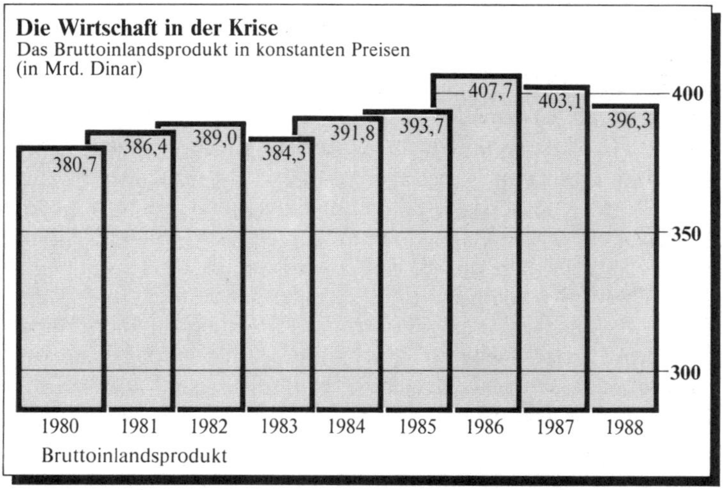

Trotz hoher Ansprüche bleiben die gesamtstaatlichen Privatisierungsprogramme unklar und in der Folge unbefriedigend. Privateigentum an Produktionsmitteln ist nach wie vor nur eingeschränkt erlaubt. Ausländern ist der Besitz von Grund und Boden in Jugoslawien nach wie vor untersagt, auch wenn sie in bestimmten Wirtschaftszweigen investieren und ihr erwirtschaftetes Kapital transferieren können. Dies gilt ebenso für die sogenannten »Joint Ventures«, die gemischtstaatlichen Unternehmen.

Die Umgestaltung des gesellschaftlichen Eigentums in Privateigentum erweist sich als noch schwieriger als die Umwandlung von staatlichem in privates Eigentum. Bei der Veräußerung der in gesellschaftlichem Eigentum befindlichen Betriebe oder Grundstücke ist in der Regel unklar, wer den Verkaufserlös erhalten soll – der Staat als ›Repräsentant‹ der Gesellschaft, die jeweilige Republik oder die Beschäftigten eines Betriebes?

Slowenien und Kroatien, die beiden nach Unabhängigkeit strebenden Republiken, haben inzwischen eigenständige, von der jugoslawischen Bundesregierung abgekoppelte wirtschaftspolitische Wege eingeschlagen, deren Ziel in einer Angleichung an die Wirtschaftsordnungen der EG-Länder liegt. Beide Republiken haben 1991 eigene Privatisierungsgesetze erlassen; neue Sozial-, Steuer-, Banken- sowie Außenwirtschaftsgesetze sollen folgen. Kroatien beispielsweise hat es den Unternehmen selbst zur Aufgabe gemacht, sich zu privatisieren. Jedes von ihnen muß einen genauen Umwandlungs- und Entwicklungsplan vorlegen. Unternimmt ein Betrieb nichts dergleichen, nimmt die kroatische Regierung ihren Untergang in Kauf. Der Wert der Unternehmen ist vor dem Verkauf durch einen unabhängigen Gutachter festzulegen, da die Betriebe aus steuerlichen Gründen bisher meist unterbewertet waren.

Sämtliche Beschäftigten sind von der Privatisierung zu informieren, da sie die zum Verkauf stehenden Aktien zu einem Rabatt – zwanzig Prozent plus jeweils ein Prozent für jedes Jahr der Betriebszugehörigkeit – beziehen können. In der Praxis dürften nach Auskunft von Experten jedoch nur wenige Betriebsangehörige in der Lage sein, ein nennenswertes Aktienpaket zu erwerben. Ansonsten ist grundsätzlich jede in- und ausländische Rechtsperson als Käufer denkbar: Einzelpersonen, Banken, Gläubiger oder aber ehemalige Betriebsinhaber. Ehemals enteignete Betriebsinhaber haben allerdings kein Recht auf Rückerstattung, sondern erhalten lediglich die Zusicherung eines Anteils.

Die Erlöse aus dem Verkauf der Aktien sowie die nicht verkauften Aktien fließen in den neu geschaffenen kroatischen Entwicklungsfonds oder den Pensionsfonds. Doch selbst wenn sie die Kapitalmehrheit halten, steht es nicht den Fonds, sondern allein dem privaten Investor zu, das Management einzusetzen. Die konkrete Ausgestaltung der übrigen Wirtschaftsgesetze hängt maßgeblich von der künftigen politischen Entwicklung ab. Sowohl Kroatien als auch Slowenien haben für den Fall des endgültigen Auseinanderbrechens Jugoslawiens bereits eigene Banknoten druckfrisch auf Lager.

Der Zerfall des Vielvölkerstaates

Es ist fast unmöglich, den endgültigen Bruch zwischen den Republiken Jugoslawiens auf einen Termin zu datieren. Der 23. Januar 1990 ist aber mit Sicherheit das markanteste Datum hierfür: Am frühen Morgen dieses Tages, exakt um 3.20 Uhr, tritt der damals amtierende Parteichef des Bundes der Kommunisten Jugoslawien (BdKJ), Milan Pancevski, ans Rednerpult und verkündet den übermüdeten Delegierten mit leiser, kaum hörbarer Stimme, daß der XIV. Kongreß der Partei zu einem anderen Zeitpunkt fortgesetzt werden würde - ein unrühmliches, wenngleich historisch bedeutsames Ende. Denn in dieser ›dunklen Stunde‹ ahnen die meisten Delegierten bereits, daß diese »Vertagung auf unbestimmte Zeit« das Ende des Bundes der Kommunisten Jugoslawien sein würde - das Ende der Partei, die über vierzig Jahre die Geschicke des Landes bestimmt hatte und wie eine Klammer die verschiedenen Nationalitäten Jugoslawiens zusammengehalten hatte. *(Der BdKJ löst sich im Mai 1990 auch endgültig auf; Anm. d. Red.)*

Knapp fünf Stunden zuvor hatte der Chef der slowenischen Kommunisten, Ciril Ribicic, erklärt, daß seine Delegation die Heimreise antreten werde, um gegen die ständige Überstimmung der slowenischen Delegierten zu protestieren. Tatsächlich waren während des gesamten Kongresses sämtliche slowenischen Anträge förmlich abgeschmettert worden - egal, ob sie sich mit der von Slowenien angestrebten Demokratisierung oder mit einfachen Bürgerrechten auseinandersetzten. Insbesondere die reformunwilligen Serben sträubten sich mit aller Macht gegen die progressiven Ideen der Slowenen.

Allerdings hatten sie die Rechnung ohne die kroatische Delegation gemacht. Als die slowenischen Entsandten unter dem höhnischen Applaus der Mehrzahl der restlichen Anwesenden protestierend den Saal verließen, und der montenegrische Parteichef Momir Bulatovic stur die Sitzung fortführen wollte, forderten die Kroaten eine offene Diskussion. Der Kongreß müsse sofort unterbrochen werden, damit eine ernsthafte Debatte über den inneren Zustand der Partei geführt werden könne, hieß es aus dem kroatischen Lager. Damit war das Ende des Kongresses eingeläutet. Nach längerer, interner Diskussion bildeten sich zwei Gruppen: Die Delegierten Sloweniens, Kroatiens, Bosnien-Herzegowinas und Makedoniens plädierten für einen Abbruch, die Abgesandten Serbiens, der Provinzen Vojvodina und Kosovo sowie die Delegierten Montenegros stimmten dagegen. Der Bruch war perfekt - der BdK Jugoslawien war in zwei Lager zerfallen.

Natürlich hatte es schon seit langem zwischen den einzelnen Lagern gebrodelt. Das »Krisenjahrzehnt der achtziger Jahre« *(Paul Lendvai: Jugoslawien ohne Jugoslawen; Anm. d. Red.)* hatte auch seine Wirkung auf Jugoslawien gezeigt. Dabei war der nach Titos Tod (4. Mai 1980) von jedermann erwartete Zusammenbruch des Vielvölkerstaates zunächst ausgeblieben. Entgegen allen Befürchtungen versank Jugoslawien nicht in Anarchie, so daß auch die politische Führung sich nicht genötigt sah, auf den straffen Zentralismus der fünfziger Jahre zurückzugreifen. Diese trügerische Ruhe war jedoch von kurzer Dauer. Spätestens seit Mitte der achtziger Jahre erschien das von Tito geschaffene komplizierte System des nationalen Interessenausgleichs immer weniger konsens- und dadurch tragfähig. Plötzlich kamen die alten Animositäten und Rivalitäten der einzelnen Völker offen zum Vorschein. Plötzlich wurde jedermann bewußt, daß Jugoslawien auch nach vierzigjährigem Bestehen ein Staat ohne Volk ist. Es ist bezeichnend, daß bei der Volkszählung 1981 nur 1,2 Millionen Personen *(von einer damaligen Gesamtbevölkerung von 22,4 Millionen Menschen; Anm. d. Red.)* angaben, Jugoslawen zu sein. Alle anderen fühlten sich nach wie vor als Kroaten, Serben oder Angehörige eines der anderen in Jugoslawien eingebundenen Völker. Letztendlich erwies sich Titos Traum, einen gemeinsamen ›Staat der Südslawen‹ zu schaffen, als eine Fiktion.

Dabei hätte Tito nur einen Blick in die Geschichte des Balkans werfen müssen, um die Aussichtslosigkeit seines Unterfangens erkennen zu können. Nie zuvor hatten Serben und Kroaten, Slowenen und Makedonier, Albaner und Bosnier zusammen in einem einheitlichen Staat gelebt. Stattdessen waren sie historisch völlig verschiedene Wege gegangen und hatten unterschiedliche Traditionen entwickelt. Selbst ihre religiösen Wurzeln - ob nun im römischen oder byzantinischen Christentum oder im Islam - sind

Maribor
Drau
Ungarn
DONAU
Bled
Ljubljana
Save
SLOWENIEN
Suboti
Zagreb
Drau
Karlovac
KROATIEN
Osijec
Rijeka
Krk
Pula
Save
Cres
Bihać
Banja Luka
Drina
Una
Lošinj
BOSNIEN
Tuzia
Jajce
Vrbas
Bosna
Zadar
Sarajevo
Neretva
Drina
Split
HERZEGOWINA
Mostar
Brač
ADRIATISCHES MEER
Vis
Hvar
MONTE
Korčula
NEGRO
Dubrovnik
Lastovo
Titograd
Kotor
Staatsgrenze
Grenzen der jugoslawischen Republiken
Grenzen der autonomen Provinzen innerhalb der Republik Serbien

verschieden. Zwar haben die Balkanvölker immer wieder in freundschaftlichem Nebeneinander gewohnt, meist aber war ihr Verhältnis von Kriegen, Konflikten und Auseinandersetzungen geprägt. Ursachen waren immer religiöse, nationale oder politische Streitigkeiten. Diese jahrhundertealten Feindseligkeiten sind es, die nach vierzigjähriger Unterdrükkung heute ausbrechen.

Das jugoslawische »Königreich der Serben, Kroaten und Slowenen« der Zwischenkriegszeit war beispielsweise nichts anderes als ein von Serbien beherrschter Staat. Alle anderen Volksgruppen, wie Albaner oder Kroaten, besaßen keinerlei Rechte. Daß letztlich alle Nicht-Serben und insbesondere die Kroaten diesen von Serbien beherrschten zentralistischen Staat und damit auch die Serben über alle Maßen haßten – mehr noch als die deutschen und italienischen Okkupanten während des Zweiten Weltkrieges –, war nichts anderes als die Folge des erzwungenen Zusammenlebens in einem gemeinsamen Staat. Die Erinnerung an diese Zeit ist bei vielen Kroaten noch nicht verblaßt.

Andererseits haben auch die

Serben allen Grund zum Mißtrauen: Als während des Zweiten Weltkrieges das faschistische Ustascha-Regime unter deutscher und italienischer Schirmherrschaft den kroatischen Nationalstaat durchsetzte, wurden Hunderttausende von Serben (und Juden) von kroatischen Nationalisten ermordet. Auch dies ist ein politisches Faktum, das auf serbischer Seite noch lange nicht vergessen ist.

Selbst der als so ruhmreich in die Geschichte eingegangene Partisanenkrieg gegen die deutschen und italienischen Besatzer des Zweiten Weltkrieges war letztlich auch ein blutiger, kompromißloser Bürgerkrieg zwischen serbischen und kroatischen Nationalisten.

Die Konflikte Jugoslawiens, die heute die ganze Welt beschäftigen, sind also nicht neu. Auch während der über vierzigjährigen Geschichte des Nachkriegs-Jugoslawiens hat es sie ansatzweise immer wieder gegeben. Allerdings hatten sie bis Anfang der achtziger Jahre nicht die Kraft, die mächtige Staatspartei, den BdKJ, zu sprengen - zumindest nicht, solange Tito an der Spitze des Landes stand. Die Partei war die einigende Klammer, die alles zusammenhielt, wenn nötig auch mit Hilfe der Armee und des Geheimdienstes, und Tito war die alles überragende Integrationsfigur. Slobodan Milosevic, der heutige Serben-Führer, trifft wahrscheinlich den Nagel auf den Kopf, wenn er sagt: »Bis zu Titos Tod war es nicht das System, das funktionierte, sondern es war Tito, der funktionierte.« *(Die Zeit vom 15. März 1991; Anm. d. Red.).*

Slowenien

Obwohl die Slowenen der kommunistischen Herrschaft von Beginn an skeptisch gegenüberstanden, sahen in den ersten Jahren nach dem Zweiten Weltkrieg viele die Bindung an die Belgrader Zentrale auch mit Wohlwollen. Die Slowenen sind mit zwei Millionen Menschen, die auf einem Gebiet siedeln, das nicht einmal halb so groß ist wie die Schweiz, ein kleines Volk. Von jeher hatten sie die Sorge, von den beiden großen Nachbarkulturen, der deutsch-österreichischen im Norden und der italienischen im Westen, aufgesaugt zu werden. Diese Angst saß tief und so kam vielen die Einbindung Sloweniens in einen panslawischen Staat recht.

Doch in den sechziger Jahren wuchs der Unmut über die zentralistische Macht, zumal die Slowenen nun befürchteten, vom serbischen Imperialismus verschluckt zu werden. Mühselig setzten sie ein Fernsehprogramm in eigener Sprache durch. In dieser Zeit begannen die Slowenen, sich auf ihre kulturelle und ethnische Identität zurückzubesinnen. Sorgsam achteten sie darauf, ihre nationale Eigenheit zu bewahren. Vor allem bauten sie stetig die Beziehungen zu ihren Nachbarn Österreich und Italien aus und beteiligten sich, gemeinsam mit Kroatien, an der unauffälligen, informellen Organisation ›Alpe-Adria‹. Diese neue Westorientierung verstärkte die Distanz zu den Ostregionen Jugoslawiens.

In den achtziger Jahren setzten sich im Bund der Kommunisten (BdK) Slowenien die reformwilligen Kräfte vermehrt durch. Innerhalb der slowenischen kommunistischen Partei wurde begonnen, in Richtung Demokratisierung und Übergang zur Marktwirtschaft zu denken. Die Unfähigkeit des sozialistischen Modells, für Demokratie und wirtschaftlichen Wohlstand zu sorgen, ließ vielen Kommunisten das parlamentarisch-demokratische System der westlichen Prägung als einzigen Ausweg erscheinen.

Slowenien geht seinen eigenen Weg

Am 17. Januar 1989 ist die erste Sensation perfekt: Das slowenische Zentralkomitee (ZK) teilt offiziell mit, daß es sich gegen das kommunistische Parteienmonopol entschieden habe. Ausdrücklich befürwortet es eine pluralistische Parteienlandschaft. Das Mehrparteiensystem soll angestrebt werden. Diese Erklärung ist in zweierlei Hinsicht sensationell: Zum einen geben die slowenischen Kommunisten ihre angestammte Vormachtstellung freiwillig preis, zum anderen verstößt dies klar gegen die jugoslawische Verfassung, in der das kommunistische Parteienmonopol eindeutig verankert ist. Entsprechend mißtrauisch sind die Reaktionen in weiten Teilen der anderen jugoslawischen Republiken. Insbesondere in Serbien wird unverhohlen Kritik geäußert. Ob denn die jugoslawische Verfassung geändert worden sei und welcher neue Artikel die Gründung neuer Parteien erlaube, will die kommunistische Führung in Belgrad von Ljubljana wissen.

Dadurch wird eine zweite Konfliktquelle deutlich: Neben dem

reinen Nationalitätenkonflikt tritt nun die Auseinandersetzung um die politische Zukunft Jugoslawiens in den Vordergrund. Natürlich spielen auch Fragen der Macht eine entscheidende Rolle: Bereits Anfang Februar 1989, kurz nach der Hinwendung des slowenischen Parlaments zum Parteienpluralismus, kommt es auf einer Sitzung des ZK des BdKJ zu scharfen Auseinandersetzungen zwischen dem slowenischen Parteichef Milan Kucan und seinem serbischen Gegenüber Slobodan Milosevic. Während sich Milosevic rigoros gegen jegliche Restaurierungsversuche des politischen Systems stemmt, macht Kucan klar, daß nur ein fortschrittliches, demokratisches, europäisches und föderalistisches Jugoslawien für den BdK Slowenien in Frage komme. Ein unitaristisch-zentralistisches Jugoslawien, wie es Slobodan Milosevic vorschwebt, sei für Slowenien unakzeptabel. Milan Kucan wörtlich: »Jugoslawien wird eine demokratische Gesellschaft werden oder nicht mehr existieren. Es kann keine Demokratie ohne politischen Pluralismus geben. Der Bund der Kommunisten muß ein Bund der Gleichgesinnten sein, der sich der politischen Konkurrenz stellt. Der BdK Slowenien kann sich nicht mit der Partei identifizieren, in der es nur eine Wahrheit gibt.« (*Siehe Jens Reuter: Jugoslawien im Umbruch; Anm. d. Red.*)

Nach dem Beschluß der kommunistischen Spitze Sloweniens, den Übergang zu einer pluralistischen Parteienlandschaft zu wagen, entwickelt sich in Slowenien eine unerwartete Dynamik. Überall bilden sich demokratisch orientierte Kräfte, die vehement entscheidende Veränderungen des politischen Systems verlangen. Die kommunistische Führung, überrascht von der landesweiten Aufbruchstimmung, reagiert zunächst restriktiv. Die Gründung unabhängiger politischer Parteien außerhalb der Massenorganisation ›Sozialistische Allianz‹ bleibt verboten. Doch die Reformkräfte lassen sich nicht beirren. Erste oppositionelle Parteien werden gegründet, darunter der Slowenische Bauernbund, die Sozialdemokratische Union, die Slowenische Demokratische Union und die Slowenische Christlich-Soziale Bewegung. Die Zusammenarbeit unter den Oppositionsgruppen funktioniert außerordentlich gut, so daß sie Ende Mai 1989 eine offiziell nicht genehmigte Volksabstimmung über die sogenannte »Mai-Deklaration« durchführen. Das Papier umfaßt mehrere Forderungen:

freie Wahlen für 1990 unter den Bedingungen des Mehrparteiensystems, Souveränität für Slowenien, einschließlich des Rechts auf Sezession - dem Austritt aus der jugoslawischen Föderation - sowie die Achtung der Menschenrechte und des Privateigentums.

Der kommunistischen Spitze in Slowenien wird schnell deutlich, daß sie die Entwicklung nicht mehr aufhalten kann. Am 27. September 1989 verabschiedet das slowenische Parlament 54 Novellen zur slowenischen Verfassung, von denen zwei besonders bedeutsam sind. Zum einen soll der Ausnahmezustand über Slowenien nur verhängt werden können, wenn das slowenische Parlament dem ausdrücklich zustimmt, zum anderen wird dem slowenischen Volk das Recht auf Sezession zugebilligt.

In der jugoslawischen Verfassung ist das Sezessionsrecht nur in der Präambel manifestiert, ohne im weiteren Verfassungstext näher aufgeschlüsselt zu sein. Allerdings müssen der Verfassung nach alle Republiken und Provinzen jeglichen Änderungen der Grenzen der Republik Jugoslawien zustimmen. Der einseitige Entschluß Sloweniens, eigenständig und ohne Zustimmung der anderen Republiken aus dem jugoslawischen Staatenverband austreten zu können, widerspricht somit der jugoslawischen Verfassung.

Erwartungsgemäß rufen die slowenischen Änderungsvorschläge heftige Proteste in den anderen Teilrepubliken hervor. In Serbien, Vojvodina und Montenegro werden Demonstrationen mit bis zu 100000 Teilnehmern organisiert; die verantwortlichen slowenischen Politiker werden als Verräter und Separatisten beschimpft. Im Februar 1990 entscheidet das jugoslawische Verfassungsgericht, daß das von Slowenien in die slowenische Verfassung gehobene Sezessionsrecht mit der jugoslawischen Verfassung unvereinbar sei. Auch die Regelungen zur Verhängung des Ausnahmezustandes widersprächen der Verfassung.

Slowenien läßt sich jedoch nicht beirren. Schon kurz nach dem Verfassungsgerichtsurteil beschließt das slowenische Parlament am 7. März 1990 das Wort ›sozialistisch‹ aus dem Staatsnamen zu streichen. Die neue Staatsbezeichnung ist somit ›Republik Slowenien‹.

Der entscheidende Schritt in Richtung Demokratisierung erfolgt einen Monat später: Am 8. April 1990 finden die ersten freien

Parlamentswahlen Sloweniens seit dem Zweiten Weltkrieg statt. Für die bis zu diesem Zeitpunkt alleinherrschenden Kommunisten, die diese Wahlen ja erst möglich gemacht haben, bringt das Ergebnis eine herbe Enttäuschung. Sie erhalten lediglich 17,3 Prozent aller abgegebenen Stimmen. Mit knapp 55 Prozent der Stimmen gehen als klarer Sieger die vereinigten Oppositionsparteien hervor, die sich zu einem Block namens »DEMOS« zusammengeschlossen haben. Der Reformkommunist Milan Kucan, der seine BdK-Mitgliedschaft niedergelegt hat, wird zum Staatspräsidenten gewählt.

Anfang Mai 1990 beginnt die DEMOS-Koalition mit der Regierungsbildung. Erster demokratisch legitimierter Regierungschef wird Lojze Peterle, dessen Partei innerhalb von DEMOS mit 14 Prozent die meisten Stimmen auf sich vereinigt. Schnell macht er deutlich, daß er in Jugoslawien in der jetzigen Form keine Zukunft sieht. Seiner Meinung nach müsse der Staat möglichst rasch in eine lose »Konföderation souveräner Staaten« umgewandelt werden. Was Peterle unter einer Konföderation versteht, erklärt er am 16. Juni 1990 in der Tageszeitung *Vjesnik*: »Konföderation bedeutet für mich die freiwillige Gemeinschaft souveräner Staaten, die sich darüber einigen, welche gemeinsamen Angelegenheiten auf der Ebene der Konföderation erledigt werden sollten.«

Nach Peterle soll die Konföderation, ähnlich der Europäischen Gemeinschaft, eine lockere Wirtschaftsgemeinschaft mit Zollunion sein. Ein gemeinsames Auftreten der jugoslawischen Föderation nach außen wäre, so Peterle, zwar erstrebenswert, grundsätzlich solle die Außenpoltik aber in den Händen der einzelnen Außenminister der Republiken liegen. Auch das Schul- und Bildungswesen soll in Zukunft Sache der einzelnen Republiken sein. Dazu fordert Peterle für jede Republik eine eigene Spionageabwehr und einen eigenen Nachrichtendienst, ebenso unabhängige Rechtssysteme, eigene Finanzsysteme und vielleicht sogar eigene Währungen. Als größtes Problem sieht Peterle die politischen Verhältnisse in Serbien, Makedonien, Montenegro und Bosnien-Herzegowina an, da in diesen Teilrepubliken die politische Führung noch nicht demokratisch legitimiert sei.

Am 2. Juli 1990 kommt Slowenien seinem angestrebten Ziel –

Er hat sich entschieden: Milan Kucan, der slowenische Republikpräsident, hier bei der Stimmabgabe am 23. Dezember 1990 in Ljubljana, wählt die Unabhängigkeit Sloweniens. (dpa)

Umwandlung Jugoslawiens von einem Bundesstaat zu einem Staatenbund - wieder etwas näher: Bei nur drei Gegenstimmen und zwei Enthaltungen erklärt das Parlament in einer Souveränitätserklärung den Vorrang der slowenischen Verfassung vor der gesamtjugoslawischen. Fortan stehen die Republikgesetze über den Bundesgesetzen. Außerdem beschließt das Parlament, daß innerhalb eines Jahres eine neue Verfassung verabschiedet werden muß, die Slowenien als souveränen Staat deklariert. Im Falle der Ablehnung der Konföderation durch andere Teilrepubliken will Slowenien aus dem jugoslawischen Staatenbund austreten.

Wäre ein unabhängiges Slowenien wirtschaftlich überlebensfähig?

Bei all den slowenischen Sezessionsbemühungen stellt sich die Frage, ob ein unabhängiger slowenischer Staat wirtschaftlich überhaupt überlebensfähig wäre. Tatsächlich kann sich Slowenien, als reichste der jugoslawischen Teilrepubliken, auf eine verhältnismäßig gute Wirtschaft stützen. Es hat eine modern entwickelte Industrie, eine gut funktionierende Landwirtschaft und nicht geringe Bodenschätze. Die Infrastruktur ist für jugoslawische Verhältnisse gut, für europäische jedoch mangelhaft. Vor allem im Hinblick auf die Lage Sloweniens als europäisches Transitland müßte viel in die veralteten Eisenbahnen und das dürftige Straßennetz investiert werden.

Die Landwirtschaft ist schon in früheren Zeiten durch die natürlichen Gegebenheiten sowie die Nähe zum großen österreichischen Absatzmarkt zu einem wichtigen Zweig der slowenischen Wirtschaft geworden. Wie auch dem übrigen Jugoslawien blieb Slowenien nach dem Zweiten Weltkrieg eine weitgehende Kollektivierung erspart, so daß 90 Prozent der landwirtschaftlichen Betriebe privat geführt werden. Reiche Niederschläge, gute Qualität des Wassers, zahlreiche Mineralquellen für Bade- und Konsumzwecke und der immense Reichtum an Wald gelten als slowenische Besonderheiten. Außerdem verfügt Slowenien über beachtliche Bodenschätze, die aber in der Vergangenheit bereits zu Teilen ausgebeutet wurden. Dennoch liegen in diesem Bereich noch große Reserven.

Lokomotive der slowenischen Wirtschaft ist das verarbeitende Gewerbe. Dieses ist von der Metallindustrie geprägt, wobei alle anderen Industriesparten auch ausnahmslos gut entwickelt und erweiterungsfähig sind. Bei entsprechenden Rahmenbedingungen könnte z. B. die Stahlindustrie in drei bis fünf Jahren westeuropäisches Niveau erreichen. Allerdings läßt die derzeitige Arbeitsproduktivität zu wünschen übrig. Konsequent soll deshalb ein Drittel der 18 000 Beschäftigten in der Stahlverarbeitung entlassen werden.

Am schlechtesten sieht es im Dienstleistungsgewerbe aus. Es ist unterentwickelt bis überhaupt nicht vorhanden. Hier hat die sozialistische Planwirtschaft, das Fehlen privater Initiativen und der kaum existente ›Markt‹ tiefe Spuren hinterlassen. Allerdings zeigt sich Slowenien offen für alle Entwicklungen. Die Börse wurde reaktiviert, das Bankengeschäft ist momentan im Umbruch, verschiedenste Beratungsunternehmen schießen wie Pilze aus dem Boden. Berechtigte

Hoffnungen setzen die Slowenen vor allem in die Tourismusbranche. Wie gefestigt die slowenische Wirtschaft dasteht, zeigt auch ein Blick auf den Außenhandel: Zwischen 1985 und 1990 wuchsen die slowenischen Exporte von 2,1 auf 4,1 Milliarden US-Dollar. 1989 wurden 22 Prozent der slowenischen Gesamtproduktion auf ausländischen Märkten abgesetzt. Gegenüber 1981 ist der Auslandsumsatz um fast 75 Prozent gestiegen. Allerdings wuchsen zwischen 1985 und 1990 die Importe stärker als die Exporte, so daß die langjährigen Exportüberschüsse einem Außenhandelsdefizit gegenüberstehen – sicherlich ein Resultat der kompromißlos betriebenen Öffnung zum Westen hin.

Gegenüber der EG zeigt Slowenien wenig Berührungsängste. In vielfacher Hinsicht versucht es, die Beziehungen zur EG zu verbessern. Dem bayerischen Vorbild folgend, hat es beispielsweise Mitte 1990 eine ständige Vetretung in Brüssel eingerichtet. Für die slowenische Wirtschaft bietet der europäische Markt vor allem die Möglichkeit, verlorene Absatzchancen auf dem jugoslawischen Markt zu kompensieren.

Insgesamt kann der slowenischen Wirtschaft eine gute Überlebenschance im Falle der slowenischen Unabhängigkeit beschieden werden. Als Folge der Schwierigkeiten und der Boykottmaßnahmen, die in Serbien seit Dezember 1989 gegenüber slowenischen Produkten existieren, orientieren sich immer mehr Unternehmen nach Westen. Eine hilfreiche Zusammenarbeit mit Kroatien wird angestrebt – genauso wie die Emission eigener slowenischer Banknoten. Wann dies geschehen soll, ist noch unklar; genauso, an welche Leitwährung das neue slowenische Geld gebunden werden soll.

Trotz vieler Schwierigkeiten, die die slowenische Wirtschaft bewältigen müßte, könnte sich Slowenien die Unabhängigkeit leisten. Immerhin liegt der Durchschnittsverdienst sieben Mal höher als in Kosovo und selbst die EG-Mitgliedstaaten Griechenland und Portugal rangieren beim Vergleich des Pro-Kopf-Bruttoinlandsprodukts hinter den Slowenen.

Kroatien

Auch das südlich von Slowenien gelegene Kroatien hat heute mit Jugoslawien nicht mehr viel im Sinn. Allerdings erwachte das politische Bewußtsein Kroatiens verhältnismäßig spät. Erst als sie sich in den Jahren 1988 und 1989 massiv von Serbien bedroht

Der Blick von der Burg auf das Zentrum Ljubljanas. (Interfoto)

sahen, begannen die Kroaten, dann aber ebenso forsch wie die Slowenen, den Weg in die Unabhängigkeit einzuschlagen. Dies weist schon auf den Unterschied zwischen Slowenen und Kroaten hin. Während die Slowenen schon länger für tiefgreifende Reformen in Wirtschaft und Politik kämpften, mieden die Kroaten solche Forderungen wie ein gebranntes Kind das Feuer. Nicht ganz zu unrecht: harmlose kroatische Äußerungen nationaler Gefühle waren in der Vergangenheit regelmäßig von der Belgrader Zentrale als »nationalistischer Extremismus« verurteilt worden.

Dies bekamen beispielsweise auch die Unterzeichner der ›Sprachendeklaration‹ von 1967 zu spüren. Kroatische Intellektuelle taten in dieser Deklaration ihre Forderung kund, sowohl in den Schulen als auch in sämtlichen Massenmedien der kroatischen

Republik das Standardkroatische sprechen zu dürfen. Das von der Belgrader Zentrale durchgesetzte Serbokroatische wurde von vielen Kroaten als eine ›politische Sprache‹ abgelehnt. Nachdem die Deklaration öffentlichen Aufruhr verursacht hatte, wurden einige der Initiatoren aus der Partei ausgeschlossen. Noch schlimmer kam es einige Jahre später. Als Ende der sechziger, Anfang der siebziger Jahre in Kroatien die Erkenntnis wuchs, daß die soziale und wirtschaftliche Entwicklung des Landes stockte, gaben kroatische Intellektuelle, Wirtschaftsexperten und Parteipolitiker, die ersten Impulse für ein Überdenken der bisherigen Erfahrungen mit dem Sozialismus - auch dem Sozialismus titoistischer Prägung. Für Tito bot dies eine willkommene Gelegenheit ›aufrührerische‹ Elemente zu entfernen. Umfangreiche Verhaftungen und zahlreiche Säuberungen erinnerten an den Prager Frühling, so daß rasch vom »Kroatischen Frühling« die Rede war. Interessant ist dabei, daß die meisten wirtschaftlichen Forderungen bald darauf verwirklicht wurden - nur unter einer anderen Prämisse.

Mit den Slowenen gemeinsam haben die Kroaten das tiefe Mißtrauen gegenüber den nationalistischen Tendenzen in Serbien. Dabei sehen die Kroaten ihre Lage besonders prekär: Während sich ihre nördlichen Nachbarn mit dem Slowenischen schon rein sprachlich von Serbien absetzen, besteht zwischen dem Kroatischen und dem Serbischen eine enge Verwandschaft.

Kroatien wird aktiv

Während Slowenien 1989 beginnt, mit großen Schritten in Richtung Demokratie zu marschieren, gleichzeitig die nationalistischen Kreise Serbiens immer heftiger für die Aufrechterhaltung des kommunistischen Systems unter serbischer Führung eintreten, sieht sich Kroatien plötzlich zwischen zwei Stühlen sitzend. Allerdings überwindet die ›kroatische Intelligenz‹ die Phase der politischen Abstinenz als Folge des Kroatischen Frühlings schnell: Bereits Anfang 1989 entstehen erste politische Gruppierungen, die auch für Kroatien Demokratie, Parteienpluralismus und wirtschaftliche Reformen fordern. Vor allem sind es die seit 1971 mundtot gemachten politischen Aktivisten, die plötzlich wieder auftauchen und die demokratische Bewegung vorantreiben. Nicht ganz so forsch, jedoch genauso eindeutig wie in Slowenien, bekennt sich schließlich auch die kommunistische Führung zum demokratischen Parlamentarismus.

Kurz nach den ersten freien Wahlen in Slowenien werden auch die Bürger Kroatiens zum Urnengang aufgerufen. Aufgeteilt auf zwei Wochenenden finden am 22. und 23. April sowie am 6. und 7. Mai 1990 die ersten freien Wahlen Kroatiens nach dem Zweiten Weltkrieg statt. Als klarer Sieger geht der bei Tito in Ungnade gefallene Franjo Tudjman hervor. Er steht an der Spitze der Kroatischen Demokratischen Gemeinschaft, einer bürgerlichen Partei mit durchaus ausgeprägtem Nationalbewußtsein. Die Kroatische Demokratische Gemeinschaft gewinnt 193 der 356 zu vergebenden Mandate. Immerhin 81 Sitze entfallen auf die Kommunisten, die sich mit dem Zusatz »Partei der demokratischen Veränderung« schmücken. Die restlichen 91 Mandate verteilen sich auf kleinere Oppositionsparteien und Unabhängige. Nach seinem klaren Wahlsieg spricht sich Franjo Tjudman für eine Konföderation aus. Genau wie seine nördlichen Nachbarn sieht er in einem losen Staatenbund die einzige Lösung der jugoslawischen Krise.

Dem Beispiel Sloweniens vom Vorjahr folgend verabschiedet das kroatische Parlament am 25. Juli 1990 ebenfalls bedeutende Änderungsvorschläge zur kroatischen Verfassung. Ziel ist es, die »Republik Kroatien als einen bürgerlichen Rechtsstaat, basierend auf parlamentarischer Demokratie« zu manifestieren. Etliche Veränderungsvorschläge stoßen in Serbien, das sich ja ohnehin jeglichen Reformbestrebungen äußerst unaufgeschlossen zeigt, auf besonders große Ablehnung. So setzt zum Beispiel Änderungsvorschlag 66 fest, daß grundsätzlich das lateinische Alphabet zu verwenden sei, während das in Serbien übliche kyrillische Alphabet nur dort benutzt werden darf, wo es von mehr als der Hälfte der Einwohner benutzt wird. Außerdem soll auch die offizielle Definition der kroatischen Teilrepublik geändert werden. In Zukunft soll Kroatien nicht mehr als »Staat der Kroaten und der in Kroatien lebenden Serben« bezeichnet werden, sondern als »Staat der Kroaten sowie den anderen Völkern«. Aus serbischer Sicht stellen diese Regelungen eine klare Diskriminierung der Serben in Kroatien dar, da sie nun den anderen Minderheiten, wie Italienern

Franjo Tudjman, Republikpräsident von Kroatien, zeigt seinen Landsleuten den Kurs. Wie Slowenien steuert Kroatien in Richtung Souveränität. (dpa)

und Ungarn, förmlich gleichgestellt sind. Immerhin leben rund 600 000 Serben in Kroatien, was einem Bevölkerungsanteil von 11,6 Prozent entspricht. Letztendlich bilden diese neuen Verfassungsgrundsätze den Nährboden für die offenbar von Belgrad aus gesteuerten Aufstände der Serben in Kroatien.

Serbien

Ganz anders als in Slowenien hatte sich in den achtziger Jahren die Situation in Serbien entwickelt. National-konservative Kreise waren in den Vordergrund getreten, während sich die demokratischen Kräfte Serbiens nicht durchzusetzen vermochten. Ähnlich den anderen Teilrepubliken verfolgen diese nationalistischen Kreise die Aufrechterhaltung ihrer eigenen, also der serbischen Nation. Denn auch in Serbien herrscht ein Genozid-Trauma. Die serbische Existenzangst ist, nicht viel anders als in den übrigen Teilrepubliken, vor den jahrhundertelangen Kämpfen um die Erhaltung von Sprache, Kultur und Volkstum zu sehen.

Besonders traumatisch hat sich die Zeit des Ustascha-Regimes Mitte dieses Jahrhunderts in den Köpfen der Serben verankert, als die Ustaschen Hunderttausende von Serben umbrachten. Hier wurde die Existenzangst der serbischen Bevölkerung vor einem Genozid grausame Realität.

Selbst während der Ära Titos fühlten sich die Serben immer wieder benachteiligt, sei es wirtschaftlich oder politisch. Bereits Titos Konzept der ›Einheit und Brüderlichkeit‹ sahen viele als eine Beschneidung ihres Anspruchs auf die Vorherrschaft in Jugoslawien an.

Auch als der langjährige Tito-Freund und serbische Innenminister Rankovic, der während seiner gesamten Amtsperiode eine extrem pro-serbische Politik verfolgt hatte, von Tito entlassen wurde, sprachen die Serben von anti-serbischer Politik. Heute weiß man, daß Tito in Rankovic eine Gefahr für seine eigene Machtposition sah und ihn deshalb fallen ließ. Auch die scheinbaren, von Serbien immer wieder ins Spiel gebrachten, wirtschaftlichen Benachteiligungen Serbiens hatten tatsächlich einen anderen Grund: Als Tito wichtige Industrien aus der Vojvodina nach Bosnien oder Dalmatien verlegen ließ, stellte dies eine reine Schutzmaßnahme dar. Tito befürchtete nach seinem Bruch mit Stalin einen Einmarsch der Warschauer Pakt Truppen über die ungarische Grenze.

Trotz dieser Tatsachen herrscht in Serbien bis heute das Gefühl vor, stets benachteiligt worden zu sein - vielleicht, weil Serbiens Gelüsten nach einer Vormachtstellung nie völlig Rechnung getragen wurde.

Im September 1986 veröffentlichte die Serbische Akademie ein Memorandum, welches anschaulich die serbische Gefühlslage widerspiegelt.

Drei Klagen wurden in diesem Dokument besonders hervorgehoben: Die angeblich diskriminierende Politik gegenüber der serbischen Bevölkerung im wirtschaftlichen Bereich seit 1945, die Aufteilung Serbiens in drei Teile (gemeint sind das eigentliche Serbien und die beiden autonomen, in Serbien gelegenen Provinzen Kosovo und Vojvodina) und die angeblich anti-serbische Politik, die seitens der jugoslawischen Regierung seit 1945 geführt wurde.

Deutlich wird der Verfasser des Memorandums, als er die Umkehrung der »Politik eines starken Jugoslawiens mit einem schwachen Serbien« verlangt.

Ähnlich wie in Slowenien und Kroatien sehen also auch die Serben ihre Existenz gefährdet. Verschieden ist jedoch der serbische Anspruch: Seit jeher beanspruchen die Serben die Vormachtstellung auf dem Balkan. Das derzeitige Aufflackern der Idee eines ›Groß-Serbiens‹ überrascht deshalb nicht. Serbien soll wieder stark werden – dafür ist der serbischen, radikalnationalistischen Regierung alles recht.

Serbenführer Slobodan Milosevic

Motor der nationalistischen Politik ist Slobodan Milosevic – ein Mann, der erst verhältnismäßig spät zur Politik kam. Nachdem er zunächst leitende Positionen in der Industrie einnahm und später Präsident der Belgrader Bank wurde, war es sein Studienfreund Ivan Stambolic, der mächtige Belgrader Parteichef, der ihm zum Sprung in die Politik verhalf. Milosevic dankte es ihm, indem er sein Rivale wurde. 1984 wurde er Stambolics Nachfolger als Vorsitzender der Belgrader Kommunisten, 1986 als Parteivorsitzender Serbiens und 1987 ließ er sich, ebenfalls als Nachfolger von Stambolic, zum Präsidenten der serbischen Republik küren.

Milosevics politischer Stil war von Anfang an ›eisern‹ – sowohl gegen die äußeren Feinde Serbiens als auch gegen seine eigenen Widersacher. Der Konflikt zwischen Albanern und der serbischen Minderheit in Kosovo bot Milosevic 1988 die erste Gelegenheit, alle Register der Demagogie zu ziehen: Milosevic stellte die Massenmedien in seinen Dienst, um durch übelste Greuelpropaganda den Haß seiner Landsleute gegen die Kosovo-Albaner zu schüren. Da er für eine Politik der starken Hand plädierte, wuchs seine Beliebtheit beim Volk rasch an. Letztendlich benutzte er das Politikum Kosovo als Sprungbrett für

Träumt von einem neuen großserbischen Reich: der Serbenführer Slobodan Milosevic. (dpa)

seinen eigenen Aufstieg. Milosevics Widersacher innerhalb der Partei blieben von seiner Machtbesessenheit nicht verschont.
Kaum daß Milosevic seinen ehemaligen Freund Ivan Stambolic 1987 gestürzt und dessen Posten eingenommen hatte, begann er mit einer Säuberungswelle ganz nach diktatorischer Manier. Alle Funktionäre des BdK Serbien, an deren Loyalität Milosevic auch nur den leisesten Zweifel hatte, wurden eleminiert. Um das öffentliche Leben Serbiens kontrollieren zu können, verjagte er unbequeme Journalisten aus Presse und Fernsehen – die Medien wurden gleichgeschaltet.
Milosevics erklärtes Ziel war es, den beim Volk in Mißkredit gefallenen Kommunismus wieder zu altem Glanz zu verhelfen und Jugoslawien in der bestehenden Form aufrechtzuerhalten. Dabei verstand es sich von selbst, daß Serbien ein führende Rolle übernehmen sollte.
Als Wurzel allen Übels hatte Milosevic zunächst die Bürokratie ausgemacht: Insbesondere die alten Funktionäre hätten sich im Laufe der Jahre vom Volk entfremdet und wären nur auf die Wahrung ihrer eigenen Interessen bedacht gewesen. Dementsprechend wetterte er unter dem Schlagwort der »antibürokratischen Revolution« vor allem gegen unfähige Bürokraten und Politiker.
Seine populistisch vorgetragenen Attacken gegen die alten Strukturen kamen bei der Bevölkerung gut an und standen zunächst im Einklang mit den Forderungen der Opposition nach mehr Demokratie. Daß das Problem aber in der Bürokratie und dem Funktionärswesen an sich lag und nicht an den Personen, die diese Positionen einnehmen, wollte niemand so recht wahrhaben.
Gleichzeitig schürte Milosevic sehr geschickt den serbischen Nationalismus. Immer wieder malte er seinen Landsleuten aus, wie sie in der vierzigjährigen Geschichte Jugoslawiens ein ums andere Mal betrogen worden seien. Natürlich sparte er die üblichen Vorwürfe gegenüber Tito nicht aus. Vor allem, daß Tito Serbien in drei Teile zerrissen habe, mochte er ihm nicht verzeihen. Die Folge war ein Zusammenrücken der serbischen Bevölkerung. Ein gemeinsames ›Wir-Gefühl‹ machte sich breit, vermischt mit der Suggestion, die Verlierer der letzten vier Jahrzehnte zu sein.

Kosovo: eine Lösung des serbischen Nationalismus

Ein anschauliches Beispiel für die Nationalitätenkonflikte im Balkanstaat liefern die blutigen Auseinandersetzungen in Kosovo, der autonomen Provinz innerhalb Serbiens. Seit 1981, als der

Weltöffentlichkeit grausame Bilder von Ausschreitungen zwischen Albanern und Serben in Kosovo vorgesetzt wurden, sorgt die autonome Provinz immer wieder für Schlagzeilen. Daß nach Titos Tod gerade in dieser Provinz die ersten Konflikte eskalierten, überrascht nicht. Der Konflikt schien geradezu vorprogrammiert: Auf der einen Seite die Albaner mit dem dynamischen Gefühl der Nationwerdung *(Als Nicht-Slawen waren die Albaner quasi schon per Definition von Jugoslawien, dem ›Land der Südslawen‹, ausgeschlossen - sie sprechen eine völlig unterschiedliche Sprache und bekennen sich zudem in ihrer Mehrheit zum Islam; Anm. d. Red.)*, auf der anderen Seite das wiedererwachte Hegemoniestreben der Serben.

Die Wurzel des Kosovo-Problems liegt jedoch in den historisch bedingten Ansprüchen, die beide Völker auf dieses Gebiet erheben. Für die 1,4 Millionen Kosovo-Albaner bildet die Region ein Kernstück ihres historischen Siedlungsgebietes. Sie behaupten, als Nachfahren der Illyrer lange vor den Serben in Kosovo gesiedelt zu haben. Die Serben dagegen sehen in diesem Gebiet die »Wiege des Serbentums« *(Christine von Kohl: Jugoslawien; Anm. d. Red.)*. Noch immer erinnern sie sich wehmütig an das mittelalterliche serbische Großreich, noch immer verbinden sie Kosovo untrennbar mit ihrem ausgeprägten Nationalbewußtsein und der Idee eines neuen Groß-Serbiens.

Hier in Kosovo hatten die Serben im Mittelalter die Blütezeit ihrer politischen Macht und ihrer Kultur erlebt. Insbesondere die für die Serben so bedeutsame Schlacht auf dem Amselfeld (1389) gegen die anrückenden Türken wird im Streit um Kosovo immer wieder ins Spiel gebracht. Dabei vergessen die Serben gerne, daß sie die Schlacht chancenlos verloren hatten, daß die damaligen serbischen Fürsten untereinander heillos zerstritten waren und daß es letztendlich auch Albaner waren, die an der Seite Serbiens gegen die vorrückenden osmanischen Truppen gekämpft hatten.

Nach der bitteren Niederlage war das ohnehin im Niedergang befindliche Serbien endgültig verloren. In den nächsten Jahrzehnten leisteten die Serben kaum mehr Widerstand gegen die türkischen Streitkräfte, die im Juli 1449 in die an der Donau gelegenen Hauptstadt Smederevo einmarschierten. Das serbische Feudalreich hatte aufgehört zu existieren. Als Folge der türkischen

Eroberung zogen immer mehr Türken nach Kosovo - neben muselmanischen Albanern. Gegen Ende des 17. Jahrhunderts überrollte eine zweite albanische Siedlungswelle Kosovo.

Die folgenden zwei Jahrhunderte verliefen friedlich. Serben und Albaner lebten problemlos neben- und miteinander, bis im 19. Jahrhundert der serbische Nationalismus von neuem erwachte, und sich der Traum von einem großserbischen Königreich breitmachte. Dementsprechend wuchs die Aggression gegen die in Kosovo ansässigen Albaner, die nun als unerwünschte Außenseiter eingestuft wurden. Das junge serbische Königreich, das sich 1878 etablierte, ging folglich nicht gerade zimperlich mit den Albanern um. Mit der Maxime im Hinterkopf, ein »ethnisch reines« Serbien zu schaffen, wurde eine unsägliche Kolonialisierungspolitik gegenüber den Albanern betrieben.

Als 1913 nach dem Zweiten Balkankrieg die Großmächte entschieden, einen albanischen Staat zu errichten, wurde Kosovo nicht in die Grenzen Albaniens mit eingeschlossen. Die Folge war ein Rumpf-Albanien, bei dem mehr als die Hälfte der damaligen albanischen Bevölkerung durch die neu gezogene Staatsgrenze von ihrem Mutterland ausgeschlossen war. Unterdessen hielt die repressive, anti-albanische Assimilationspolitik der serbischen Führung bis in die vierziger Jahre an. Unterricht und Veröffentlichungen in Albanisch waren verboten.

Als nach dem Zweiten Weltkrieg Kosovo zur autonomen Provinz innerhalb Serbiens erklärt wurde, versuchten die Serben durch wirtschaftliche Vernachlässigung, die Albaner zu vertreiben. Schnell entwickelte sich die Region zum Armenhaus der Republik. Die nicht erwartete Folge war, daß es Anfang der sechziger Jahre die Serben waren, die - damals noch freiwillig - aus wirtschaftlichen Gründen Kosovo verließen.

Die Albaner blieben indes lieber im rauhen Jugoslawien, als über die nahe Grenze ins noch unattraktivere, stalinistische Albanien zu ziehen. Verglichen mit ihren dort lebenden Landsleuten ging es den Kosovo-Albanern verhältnismäßig gut. Trotz der von Belgrad gesteuerten ökonomischen Isolierung standen sie wirtschaftlich um einiges besser als die Albaner im Nachbarstaat. Zudem besaßen sie Freiheiten, die ihren Landsleuten im hermetisch abgeriegelten, durch rigoroses Religionsverbot und puritanischen Kommunismus gekennzeichneten Albanien verwehrt waren. Eine Übersiedlung nach Albanien erschien den Kosovo-Albanern somit als wenig erstrebenswert, zumal sie im Kosovo - nach jahrhundertelanger albanischer Besiedelung - genauso ihre Heimat sahen.

Nach dem Ende der Rankovic-Ära begannen die Albaner, gewaltsam gegen die im Kosovo wohnenden Serben vorzugehen. Rankovic, serbischer Innenminister bis er 1965 von Tito seines Amtes enthoben wurde, hatte stark zur Polarisation zwischen den beiden Völkern beigetragen. Obwohl er an die Weisungen Titos gebunden war, ging er mit unglaublich brutalen Methoden gegen die Kosovo-Albaner vor, um für »Sicherheit und Ordnung« zu sorgen. Offiziell wollte er Jugoslawien vor angeblichen albanischen Ambitionen eines Groß-Albaniens schützen. Außerdem galt Albanien als treuer Vasalle der Sowjetunion, ganz im Gegenteil zum titoistischen Jugoslawien. Eventuellen revolutionären Ideen unter den Kosovo-Albanern sollte vorgebaut werden.

Bei den Albanern bewirkte diese Politik einen zunehmenden Haß gegenüber den Serben und wachsendes Mißtrauen gegenüber allen Dekreten der jugoslawischen Führung. Die Kluft zwischen Serben und Albanern vertiefte sich. Die Situation kehrte sich geradezu um, da nun die Albaner begannen, ein »ethnisch reines«, albanisches Kosovo zu fordern.

Die ersten offenen Zusammenstöße zwischen Serben und Albanern konnten noch durch ein einfaches Machtwort Titos beigelegt werden. Trotz der zunehmenden Spannungen blieb es in den Jahren bis Titos Tod verhältnismäßig ruhig - nicht zuletzt dank der 1974 von Tito durchgesetzten Verfassungsänderungen. Ohne die formale Integrität des serbischen Staates anzutasten, wurde den autonomen Provinzen Kosovo und Vojvodina eine sehr weitgehende Autonomie, einschließlich des direkten Mitspracherechts auf Bundesebene gewährt. Unter Umgehung Serbiens konnten beide Provinzen Vertreter in die föderativen Organe, so auch in das Staats- und Parteipräsidium, direkt entsenden. Gerade diese Entwicklung rief aber bei den Serben Unmut hervor - nicht ganz zu Unrecht: Während im Kosovo-Parlament Serbien seine Interessen nicht vertreten konnte, besaßen dagegen die albanischen Delegierten im Belgrader Parlament ein Veto-Recht. Die

Nichts Ungewöhnliches in Kosovo – serbische Polizisten verprügeln einen albanischen Demonstranten. (dpa)

Albaner nutzten die unter Tito geförderte politische Autonomie, um ihren Einfluß weiter auszubauen. Ein Großteil der Ortschaften wurde ethnisch ›gereinigt‹, mit der Folge, daß etwa 45 Prozent aller Ortschaften im Kosovo zu 100 Prozent von Albanern bewohnt sind.

Als Tito am 4. Mai 1980 starb und damit der starke Mann des Nachkriegs-Jugoslawiens von der politischen Bühne verschwunden war, dauerte es nicht lange, bis sich der seit Jahrzehnten schwelende Brand zwischen Serben und Albanern zum Großfeuer entfachte. Noch heute sind die Unruhen von 1981 unvergessen.

Nach mehrtägigen Protesten der Studenten der Universität von Pristina gegen das schlechte Mensa-Essen sah es zunächst nur nach einer harmlosen studentischen Demonstration aus. Als daraufhin die Polizei mit völlig überzogener Härte reagierte, eskalierte der Konflikt am 1. April 1981. Ein blutiger, brutaler Straßenkampf zwischen albanischen Demonstranten und jugoslawischen Ordnungskräften erschütterte das Land. Vor allem die Serben waren geschockt. Es dauerte Wochen, bis die Unruhen einigermaßen verebbt waren. Schnell hatten insbesondere die jungen Albaner den Aufstand zur Verfolgung politischer Ziele genutzt. Ihr Ziel war die Erhebung der bisher autonomen Provinz Kosovo in den Status einer gleichgestellten Teilrepublik. Obwohl der Aufstand durch die jugoslawische Armee gewaltsam niedergeschlagen wurde, markiert er doch einen entscheidenden Wendepunkt in der Auseinandersetzung um Kosovo.

In den achtziger Jahren spitzte sich der Konflikt weiter zu. Ein Grund liegt auch in der demographischen Entwicklung im Kosovo, die die Verdrängungsängste der Serben förderten. Aufgrund der - freiwilligen oder durch Druck erfolgten - Abwanderung der Serben und der extrem hohen Geburtenrate der Albaner *(der höchsten in Europa; Anm. d. Red.)* verschob sich die Bevölkerungszusammensetzung immer mehr. Stellten die Albaner 1981 beispielsweise noch 77 Prozent aller im Kosovo lebenden Menschen, sind es heute bereits 87 Prozent.

Entscheidend für die Radikalisierung in dieser Provinz dürfte jedoch der Aufstieg Slobodan Milosevics zum serbischen Volkstribun sein. Ganz gezielt benutzte er das Kosovo-Problem als Vehikel für seine politische Karriere. Durch üble Pressekampagnen sorgte er dafür, daß die Albaner als anti-serbische Separatisten öffentlich verurteilt wurden. Zwar stehen die Albaner in ihrer Brutalität den Serben um keinen Millimeter nach, doch waren es unzweifelhaft die politischen Interessen der nationalistischen serbischen Kreise um ihren Führer Slobodan Milosevic, die gezielt Unruhe provozierten. Durch solche Aktionen wurde versucht, Chaos zu erzeugen, damit Serbien einen Grund erhält, Kosovo im »Interesse der gesamtjugoslawischen Sicherheit« enger an Serbien zu binden.

Im Frühjahr 1989, zeitgleich mit dem Aufbruch in die Demokratie in Slowenien und Kroatien, gelingt es Milosevic, den autonomen Provinzen Vojvodina und Kosovo ihre Unabhängigkeit zu rauben. Nachdem er das Parlament von Kosovo massiv unter Druck setzt, muß es am 23. März praktisch seiner eigenen Entmachtung zustimmen. Umringt von Panzern bleibt der Nationalversammlung im Kosovo nichts anderes übrig, die Verfassungsänderungen abzusegnen. Damit hatte Serbien den Kampf um die Revision der Verfassung von 1974 gewonnen. Gerichte, Polizei und die Territorialverteidigung Kosovos werden wieder unter serbische Kontrolle gestellt. Der neuen Verfassung entsprechend ist es nun nicht mehr nötig, Kosovo bei weiteren Veränderungen seines Status zu konsultieren. Eine der Novellen besagt, daß solche Änderungen nur durch die serbische Nationalversammlung vorgeschlagen werden können, in der Kosovo zwar vertreten ist, aber kein Vetorecht besitzt.

Daraufhin kommt es in Kosovo zu massivem albanischen Widerstand, den Milosevic von der Miliz niederschlagen läßt. 90 Tote sind die traurige Bilanz. Nachdem Kosovo unter einen kriegsrechtsähnlichen Ausnahmezustand gestellt wird, vollzieht Milosevic eine gründliche Säuberung des Partei- und Staatsapparats. Über 5000 Führungspositionen werden 1989 neu besetzt.

Infolge der menschenverachtenden Politik Serbiens verabschieden sowohl das Europaparlament als auch der amerikanische Kongreß kritische Resolutionen zur Kosovo-Frage.

Der serbische Nationalismus

Aber auch zwischen Serbien auf der einen und Slowenien und Kroatien auf der anderen Seite verhärten sich die Fronten. Ganz im Gegensatz zu den beiden demokratisch orientierten Teilrepubliken sind die politischen Ordnungsvorstellungen Serbiens ausgerichtet: die Aufrechterhaltung der föderativen Struktur und die Bewahrung der einheitlichen Partei. Allerdings immer unter der Prämisse, daß Serbien die entscheidende Rolle in Partei und Staat spielen soll. Dabei wäre es Milosevic am liebsten gewesen, die slowenische Teilrepublik aus dem jugoslawischen Staatenbund zu vertreiben. Zu diesem Zweck hatte Serbien im Dezember 1989 begonnen, slowenische Waren zu boykottieren.

Doch schon im Frühjahr 1990 muß Milosevic erkennen, daß ihm mit dieser Politik kein Erfolg beschieden sein wird. Slowenien, dessen wirtschaftliche Probleme sich in Grenzen halten, läßt sich zu einem voreiligen Austritt aus der jugoslawischen Republik nicht hinreißen. Im übrigen stehen die Slowenen ja nicht alleine da. In den vergangenen Monaten hatten sie in Kroatien einen Verbündeten gefunden. Beide zusammen sehen in einer Konföderation den einzigen Ausweg aus der jugoslawischen Krise. Auch in Bosnien-Herzegowina und Makedonien regt sich der Widerstand gegen den Status quo. Eine jugoslawische Föderation ohne Slowenien und Kroatien, aber mit dem übermächtigen Serbien erscheint den beiden kleineren Teilrepubliken nicht erstrebenswert.

Angesichts dieser Konstellation entschließt sich Milosevic zu einer drastischen Kursänderung. Plötzlich sieht auch er Vorteile in einer Konföderation der verschiedenen Teilrepubliken. Nachdem er den Glauben daran verloren hat, daß sich die jugoslawische Föderation und damit auch der Bund der Kommunisten (BdK) aufrecht erhalten lasse, geht es ihm nun darum, einen einflußreichen serbischen Staat auf dem Balkan zu verankern.

Schnell läßt Milosevic eine neue Partei entstehen, die ihm bei künftigen Wahlen satte Mehrheitsverhältnisse sichern soll: Am 7. Juni 1990 verkünden der BdK Serbien und die Massenorganisation Sozialistische Allianz, daß sie sich zu einer gemeinsamen Partei vereinigen wollen. Den Grund für die Vereinigung erfahren die Leser zwei Tage später aus der Tageszeitung *Politika*: »Auf die profaschistische und rechte Orientierung im Nordwesten Jugoslawiens antwortet Serbien mit einer demokratischen, linken und sozialistischen Orientierung.« Am 16. Juli findet im großen Kongreßsaal des Belgrader Sava-Zentrums der Gründungskongreß statt. Die Sozialistische Partei Serbiens (SPS) wird aus der Taufe gehoben; Parteivorsitzender wird Slobodan Milosevic. Während der gesamten Gründungsveranstaltung wird die ehemalige kommunistische Partei Jugoslawiens, der BdK, mit keiner einzigen Silbe erwähnt - obwohl die SPS der vermögensrechtliche Nachfolger des BdK ist. Da auch das Vermögen der Sozialistischen Allianz, das auf etwa 100 Millionen Mark geschätzt wird, an die SPS fällt, sichert sich die Partei bei künftigen Wahlkämpfen einen gewaltigen Vorteil gegenüber anderen serbischen Parteien.

Slobodan Milosevic vor Belgrader Arbeitern, die nach Reformen verlangt hatten. (dpa)

Im Programm der SPS wird den jugoslawischen Nationen, die ihren eigenen Staat haben wollen, ausdrücklich das Sezessionsrecht zugesichert. Es ist bezeichnend, daß nicht etwa eine neue jugoslawische Partei gegründet worden war, sondern eine serbische. Dies ist eine eindeutige Absage an den noch vor kurzem von Milosevic vertretenen Kurs einer jugoslawischen Föderation. Nicht anders verhält es sich mit Milosevics Äußerung, daß in Zukunft auf dem Territorium Serbiens keine andere Macht als das Parlament Serbiens entscheiden könne.

Um die neuen Ansprüche Serbiens nach innen und außen deutlich zu machen, läßt der serbische Präsident Milosevic einen neuen Verfassungsentwurf ausarbeiten, in der dem serbischen Parlament alle Entscheidungsgewalt über das serbische Gebiet zugesprochen wird. Die vorgesehene Verfassung ist ganz auf die Person Milosevic zugeschnitten: Staatspräsident und -präsidium sollen in Zukunft vom Volk gewählt werden. Diese Regelung soll dem populären Milosevic das Amt des Staatspräsidenten in einem zukünftigen unabhängigen Serbien sichern. Anläßlich der Verabschiedung des neuen Verfassungsentwurfs erklärt Milosevic seinen Kurswechsel wie folgt: »Angesichts der starken konföderalistischen Desintegrationstendenzen wäre es unverantwortlich gegenüber Serbien und seinen Bürgern, wenn wir für die Lösung der jugoslawischen Krise nur ein Rezept hätten: das föderative Jugoslawien. Deshalb hat dieser Verfassungsentwurf auch die andere mögliche Option berücksichtigt: Serbien als selbständigen Staat.« *(Politika vom 26. Juni 1990; Anm. d. Red.).*

Anfang Juli läßt Milosevic eine Volksabstimmung in seiner Republik durchführen. Dabei geht es vor allem um die Frage, ob vor Abhaltung demokratischer Wahlen zunächst die neue Verfassung verabschiedet werden soll oder nicht. Laut offiziellem Ergebnis stimmen 98,8 Prozent der Wähler mit Ja – ein Resultat, das jedem totalitären Staat gerecht wird. Ganz offensichtlich wurde an dem Ergebnis manipuliert. Die serbische Presse sieht das anders. Sie interpretiert das Ergebnis als ein Bekenntnis zu einem einheitlichen und starken Serbien. Tatsächlich war Milosevic bemüht, die Opposition von der Verfassungsdiskussion auszuschließen. Würden nämlich noch vor der Verfassungsgebung freie Wahlen stattfinden, könnten im Anschluß die ins serbische Parlament gewählten Oppositionsparteien Einfluß auf die neue Verfassung ausüben. So aber kann Milosevic die von ihm gewünschte Verfassung ohne größere Probleme durchboxen.

Im Zuge der Volksabstimmung kommt es zu einer Verschärfung des Kosovo-Konflikts. Durch die Verfassungsänderungen droht in Kosovo die endgültige Aufhebung der Autonomie. Um sich dem zu widersetzen, rufen am 2. Juli 1990 114 albanische Abgeordnete der insgesamt 180 Mitglieder des Kosovo-Parlaments die Unabhängigkeit der Provinz aus. Für Milosevic eine unhaltbare Situation. Er läßt das Parlament und die Regierung auflösen und stellt die Provinz unter Zwangsverwaltung. Die albanischen Medien werden gleichgeschaltet - Presse, Rundfunk und Fernsehen in ihrer Arbeit behindert.

Als im Sommer 1990 der serbische Präsident über die zukünftigen Grenzen in einer Konföderation laut nachdenkt, ruft dies in den anderen Teilrepubliken blankes Entsetzen hervor. Sollte sich Jugoslawien tatsächlich zu einer Konföderation entwickeln, so Milosevic, müsse auch über eine neue Grenzziehung nachgedacht werden. Die bisherigen Grenzen seien sowieso nur administrativer Natur gewesen. Seiner Meinung nach sei Serbien überall dort, wo Serben leben. Schlagartig herrscht in Kroatien, Bosnien-Herzegowina und Makedonien Alarmstimmung.

Die Teilrepubliken Bosnien-Herzegowina, Makedonien und Montenegro

Das Jahr 1990 wird als ein Jahr der Wahlen in die Geschichte der jugoslawischen Föderation eingehen. Während im Sommer 1990 Slowenien und Kroatien ihre erste demokratische Bewährungsprobe bereits bestanden haben, entwickeln sich auch Bosnien-Herzegowina, Makedonien und Montenegro in Richtung Parteienpluralismus und Demokratie.

Bosnien-Herzegowina

Bosnien-Herzegowina, die drittgrößte Teilrepublik Jugoslawiens, ist ein Land der Widersprüche und Gegensätze: Auf der einen Seite primitve Lebensweisen, auf der anderen Seite hochmoderne Industrien; dazu drei verschiedene Völker, die in dieser Region zusammenleben (39,5 Prozent der Bevölkerung sind Moslems - die sich als eigene Nation empfinden, 32 Prozent Serben und 28,5 Prozent Kroaten) und drei verschiedene, bedeutende Religionsgemeinschaften: den Islam, die orthodoxe Kirche der Serben und die katholische der Kroaten (eine kleine sephardische jüdische Gemeinde, die in der Diaspora hohes Ansehen genoß, wurde während des Zweiten Weltkrieges fast ausgerottet).

Jahrhundertelang war das Zusammenleben in dieser Region von einer Tradition der Toleranz geprägt. Mit dem Beginn des Zweiten Weltkrieges war es mit dieser Toleranz jedoch vorbei. Auf dem Territorium der heutigen Teilrepublik fanden die schrecklichsten Grausamkeiten des Bürgerkrieges statt, die an Glaubenskriege erinnerten. Allerdings wurden auf diesem Gebiet auch die schwersten Schlachten der jugoslawischen Partisanen gegen die deutschen und italienischen Besatzer gekämpft.

Nach dem Krieg gab es in Bosnien-Herzegowina so etwas wie ein jugoslawisches Wirtschaftswunder. Die Rohstoffe und die riesigen Wälder trugen dazu bei. Die Winterolympiade 1984 in Sarajevo kostete der Teilrepublik zwar Unsummen von Geld, brachte aber bedeutende Verbesserungen für die Infrastruktur.

Mit dem begonnen Zerfall der jugoslawischen Föderation wächst in Bosnien-Herzegowina auch die Angst - vor allem bei den zwei Millionen bosnischen Moslems - vor einer Teilung der Republik, die ja eine besonders komplizierte Nationalitätenstruktur aufweist. Bisher hatte die Republik versucht, alle Völker gleichermaßen zu berücksichtigen. Alle politischen Ämter waren paritätisch verteilt worden, so daß Muslime, Serben und Kroaten gleichberechtigt die Politik des Landes bestimmen konnten.

Ebenso wie in Slowenien und Kroatien entwickelt sich im Sommer 1990 die politische Landschaft Bosnien-Herzegowinas hin zum Parteienpluralismus. Im August entstehen zahlreiche Parteien; dem Bund der Kommunisten, der offiziell auf sein Parteienmonopol verzichtet hat, werden für die anstehenden Wahlen kaum Chancen eingeräumt. Ebenfalls im August 1990 wird ein neues Wahlgesetz verabschiedet. Die ersten freien Wahlen in der Nachkriegsgeschichte der Teilrepublik sollen am 18. November stattfinden. Das Wahlgesetz selbst wird von allen Seiten heftig kritisiert, da es eine reine Listenwahl vorschreibt und eine Persönlichkeitswahl ausschließt. Dadurch werden die Abgeordneten nicht vom Volk ins Parlament bestellt, sondern von der Parteispitze ausgewählt. Durch die Einführung des Mehrparteiensystems droht das hochempfindliche Gleichgewicht, das bisher im politischen Leben Bosnien-Herzegowinas geherrscht hat, aus den Fugen zu geraten. Vor allem scheint Bosnien-Herzegowina wieder zum Zankapfel zwischen Serben und Kroaten zu werden, da beide Völker Territorialansprüche an diese Region stellen. Dazwischen stehen scheinbar auf verlorenem Posten die Moslems. Sie befürchten einen Verlust ihrer Aufwertung, die sie durch Tito erfahren hatten.

Makedonien

Sieben Tage früher als in Bosnien-Herzegowina sind die ersten freien Nachkriegswahlen Makedoniens angesetzt. Am 11. November 1990 soll das neue Einkammerparlament mit 120 Abgeordneten gewählt werden. Zwölf Parteien haben sich bis zum Sommer 1990 etabliert. Dabei scheint drei Parteien für die Wahlen eine besondere Bedeutung zuzukommen: Zunächst dem BdK, der mit dem Zusatz ›Partei des demokratischen Wandels‹ den Wahlkampf bestreitet. Ihm werden mit geschätzten 35 Prozent die meisten Stimmen prophezeit - dicht gefolgt von dem neu gegründeteten Bund der Reformkräfte, hinter dem der amtierende jugoslawische Ministerpräsident Ante Markovic steht. Für besonders Aufsehen in der politischen Landschaft sorgt die Partei der Demokratischen Prosperität. Sie vertritt hauptsächllich die Interessen der in Makedonien lebenden Albaner. Mit 19,7 Prozent der Einwohner stellen die Albaner nach den Makedoniern (67 Prozent) die zweitgrößte Bevölkerungsgruppe Makedoniens. Sie wohnen überwiegend im Westteil der Teilrepublik und stellen in manchen Ortschaften sogar die Bevölkerungsmehrheit. Nach dem Aufflammen des Kosovo-Konflikts 1981 übten auch die Albaner Makedoniens Druck auf die anderen in ihrem Gebiet lebenden Völker aus. Bis heute hält der Assimilierungsdruck der Albaner an, durch die eine Homogenität der albanischen Bevölkerung erreicht werden soll.

Die Entwicklung in Jugoslawien wird im Sommer 1990 in Makedonien überwiegend mit Sorge gesehen. Als sehr junge Nation befürchten die Makedonier, ihre Teilrepublik nicht als einen eigenen Staat in die neuen Strukturen auf der Balkanhalbinsel hinüberretten zu können. Neben dem albanischen fühlen sie sich auch vom serbischen Nationalismus bedroht.

Das Nationalbewußtsein der Makedonier ist verhältnismäßig jung. Es dauerte bis 1903, als erste progressive Makedonier einen eigenständigen Staat forderten. Nachdem das Ziel nicht erreicht werden konnte, mußten die Makedonier bis 1945 warten, bis sie von Tito als staatstragende Nation anerkannt wurden. Die 1967 erfolgte Loslösung der makedonischen Kirche von der orthodoxen Kirche der Serben förderte das Nationalbewußtsein nachdrücklich. Nun besaß die junge Nation eine eigene Kirche, was den

Zusammenhalt deutlich stärkte. Der serbische Einfluß wurde durch diesen Akt natürlich vermindert - was bis heute den Zorn der Serben hervorruft. So verweigert das serbisch-orthodoxe Patriarchat noch immer die Anerkennung der makedonischen Kirche. Überhaupt wird die makedonische Teilrepublik von Serbien mit Argusaugen betrachtet. Wurde die Region vor dem Zweiten Weltkrieg durch eine gnadenlose ›Serbisierung‹ - eine makedonische Nation war offiziell ja noch nicht anerkannt - unter serbischen Einfluß gestellt, bedeutete Titos Verankerung der makedonischen Teilrepublik das Ende aller großserbischen Aktivitäten.

Montenegro

Eine kleine Sonderrolle spielt das ans nördliche Albanien grenzende Montenegro. Ethnisch mit den Serben eng verwandt, scheint es lange Zeit so, als ob es eine Vereinigung mit Serbien anstreben würde. Verantwortlich dafür sind vor allem die ›Bjelasi‹ (die Weißen). Durch einen politischen Coup hatten die ›Bjelasi‹, die eine Union mit Serbien befürworten, im Frühjahr 1989 die Macht an sich gerissen. Die montenegrischen ›Zelenasi‹ (die Grünen), die der Auffassung sind, daß die Montenegriner ein völlig eigenständiges Volk sind, sahen sich plötzlich in der Defensive *(Die Bezeichnungen rühren übrigens von der 1945 abgehaltenen Volksabstimmung her, als die Montenegriner entscheiden sollten, ob sie eine Union mit Serbien oder eine eigene Teilrepublik wollen. Damals bedeutete ein weißer Zettel die Stimme für die Union, während die grünen Zettel für die Unabhängigkeit standen; Anm. d. Red.).* Viele Montenegriner teilen indes die Meinung des Serben-Führers Slobodan Milosevic nicht, der Serbien und Montenegro als »zwei Augen in einem Kopf« bezeichnet. Hier macht sich der einzigartige, weit über die Grenzen hinaus bekannte Nationalstolz der Montenegriner bemerkbar.

Dem Beispiel der anderen Republiken folgend, schreibt im Sommer 1990 auch die politische Führung Montenegros, der Bund der Kommunisten, freie Wahlen für Dezember des gleichen Jahres aus. Schnell bilden sich knapp zwanzig Parteien, die teilweise aus politischen Gruppierungen früherer Jahre hervorgehen. Da es in Montenegro nur knapp 400 000 Wahlberechtigte gibt, wird ironisch von »zuvielen Parteien für zuwenig Volk« gesprochen.

Nicht alle Serben stehen auf der Seite Milosevics:
Bei der größten antikommunistischen Demonstration in Belgrad
(März 1991) stürmen serbische
Regimegegner gegen einen Polizeiwagen an. (dpa)

Allerdings schaffen es die oppositionellen Gruppen nicht, sich zu einem gemeinsamen Block zusammenzuschließen. Um ihre Wahlchancen gegenüber den bisher herrschenden Kommunisten zu verbessern, treten sie indes für finanzielle und technische Gleichstellung mit dem Bund der Kommunisten ein und für freien Zugang zu allen Medien.

Der Nationalitätenkonflikt spitzt sich zu

Nachdem inländische und ausländische Beobachter sich lange Zeit an die Hoffnung geklammert hatten, daß nach der Durchführung freier Wahlen in allen sechs Teilrepubliken die Neuordnung Jugoslawiens rationaler angegangen werde, sehen sie sich bereits Mitte November 1990 enttäuscht. Alle vier Wahlen, die bis zu diesem Zeitpunkt abgehalten worden waren, trugen zur Zerstörung der Illusion bei.

Nach den Wahlen in Slowenien und Kroatien vom Frühjahr 1990 war zwar das kommunistische Establishment von der Macht vertrieben worden, ein überzeugender Wille zu einem gesamtjugoslawischen Konsens ist aber alles andere als erkennbar. Stattdessen bereiten sich die beiden Teilrepubliken auf den Ausstieg aus der jugoslawischen Föderation vor. Und auch die ersten freien Wahlen in Makedonien am 11. und 25. November tragen nicht zu einer besseren Konsensfindung bei. Obwohl die national gesinnte Partei für die makedonische nationale Einheit (VMRO) die meisten Stimmen erringt, können sich die Kommunisten an der Macht behaupten.

Die Nachfolgepartei der Kommunisten, die Partei der demokratischen Umgestaltung und der ebenfalls kommunistische Bund der Reformkräfte Makedoniens (SRSM) erhalten zusammen fast die Hälfte der Mandate.

Allerdings bleibt völlig unklar, wie sich Makedonien bei der Gretchenfrage »Föderation oder Konföderation ?« verhalten wird. Neuer Republikspräsident wird Kiro Gligorov.

Bei den Wahlen in Bosnien-Herzegowina eine Woche später erleiden sowohl die Reformkommunisten als auch die links von der Mitte stehende Allianz der Reformkräfte Jugoslawiens unerwartete Niederlagen. Als deutliche Sieger gehen die nationalen

Parteien der Moslems, der Serben und der Kroaten hervor. Anders als in den anderen Teilrepubliken wird in Bosnien-Herzegowina kein Republikpräsident gewählt.

Stattdessen wird als oberstes Organ ein siebenköpfiges Präsidium gebildet, dessen Vorsitzender und damit erster Mann der Republik Alija Izetbegovic wird.

Ein Anschluß an die demokratische Bewegung und die Sezessionsbemühungen in Slowenien und Kroatien scheint für Bosnien-Herzegowina ausgeschlossen. Schon einige Tage nach der Wahl wiederholt der Serbenführer Bosnien-Herzegowinas, Radovan Karadzic, seine alten Drohungen: Wenn sich Jugoslawien zu einer Konföderation entwickeln sollte und Bosnien-Herzegowina dadurch unabhängig werden würde, so wollen die Serben autonom sein, da sie nicht als eine Minderheit in einem »fremden« Staat leben könnten. Wenn nötig, so Karadzic, müßte Bosnien-Herzegowina aufgeteilt werden.

So stehen Mitte November, kurz vor den ersten, mit Spannung erwarteten Wahlen in Serbien und Montenegro (9. Dezember 1990) die Chancen auf eine vernünftige Neuordnung des Balkanstaates äußerst schlecht.

In der Folgezeit überstürzen sich die Ereignisse. Der jugoslawische Ministerpräsident Ante Markovic startet, während einer Parlamentssitzung, am Donnerstag, den 14. November, in Belgrad, scharfe Angriffe gegen die einzelnen Teilrepubliken. Mit Vehemenz verteidigt der Kroate, der sich in letzter Zeit immer öfters Angriffen von seiten der serbischen Führung, aber auch aus anderen Teilrepubliken ausgesetzt sah, zunächst sein wirtschaftliches Reformprogramm. Markovic, der für ein einheitliches Gesamtjugoslawien eintritt, verurteilt dann mit aller Schärfe den Nationalismus und Separatismus, die Jugoslawien »zu einem Faktor der Balkanisierung Europas machen, anstatt zu einem aktiven Faktor der Europäisierung des Balkans« *(Süddeutsche Zeitung vom 16. November 1990; Anm. d. Red.).* Insbesondere die Geschehnisse in der Provinz Kosovo, wo sich die Lage in den vergangenen Monaten weiter verschärft hatte, werden von Markovic angeprangert.

Unterdessen führt der Serbenführer Milosevic seinen Konfrontationskurs nach allen Seiten ungebrochen fort – auch gegenüber seinen inneren Feinden. Gerade im Hinblick auf die anstehenden Wahlen wird dies überdeutlich: Um die eigenen Chancen zu maximieren, hatte das serbische Parlament ein Wahlgesetz verabschiedet, das den Oppositionsparteien praktisch jede Chance nimmt, einen bedeutenden Stimmenanteil zu gewinnen. So wird ihnen zum Beispiel kein gleichberechtigter Zugang zu Presse und Fernsehen gewährleistet. Nachdem die serbischen Oppositionsparteien wochenlang erfolglos eine Änderung des diskriminierenden Wahlgesetzes verlangen, rufen sie am Donnerstag, den 22. November, zum Wahlboykott auf. Vuk Draskovic, Vorsitzender der Serbischen Erneuerungsbewegung (SPO) und gleichzeitig der einzig gefährliche Gegner von Milosevic, nennt die Boykottentscheidung unwiderruflich. Am Wochenende höhnt die kroatische Tageszeitung *Vjesnik*: »Milosevic allein zur Wahl.«

Doch schon wenige Tage darauf am Dienstag, den 27. November, lenkt die serbische Opposition ein und beschließt, bei der am 9. Dezember stattfindenden Wahl nun doch teilzunehmen. Als Grund für den plötzlichen Sinneswandel heißt es, daß das serbische Parlament am Montag eine Reihe der von der Opposition geforderten Änderungen verabschiedet hätte, die vergangene Woche noch rundweg abgelehnt worden seien. Die Chancen der Opposition bleiben dennoch gering, da die Nachfolgepartei der serbischen Kommunisten, die SPS mit Slobodan Milosevic an der Spitze, über fast unbegrenzte Geldmengen verfügen kann, nach wie vor die gesamte Presse beherrscht und auf einen gewaltigen Machtapparat zurückgreifen kann.

Nur die Albaner - neben den Oppositionsparteien die zweite Konfliktquelle - wollen dem Urnengang aus Protest fernbleiben. Für sie, so geben sie an, gebe es keine Wahlen: Seit Juli sei die Arbeit von Parlament und Regierung im Kosovo eingestellt, ebenso wie die einzige albanische Zeitung; albanische Organisationen seien nur beim Bund, aber nicht in Serbien registriert; albanisches Fernsehen oder Radioprogramme dürften ebenfalls nicht mehr senden.

Doch bevor Serben und Montenegriner über ein neues Parlament und den künftigen Staatspräsidenten abstimmen, sorgt zwei Tage zuvor, am Freitag, den 7. Dezember, Slowenien für eine neuerliche Überraschung: Per Gesetz entscheidet das slowenische

Erste freie Wahlen in Serbien – Vuk Draskovic, stärkster Widersacher Milosevics, wirft dem Serbenführer Wahlbeeinflussung vor. (dpa)

Parlament, den lang erwarteten Volksentscheid über die Zukunft des Landes am 23. Dezember 1990 durchzuführen. Sollten dann mehr als fünfzig Prozent der Slowenen die Frage »Soll die Republik Slowenien ein selbständiger und unabhängiger Staat werden?« mit Ja beantworten, werden daraufhin Parlament und Regierung darüber entscheiden, ob Slowenien aus dem Staatsverband ausscheiden wird. Präsident Kucan, der inzwischen an der Spitze der Plebiszit-Bewegung steht, betont jedoch, daß ein Ja noch nicht automatisch einen Austritt Sloweniens aus dem jugoslawischen Staatsverband bedeuten wird. Trotz dieser vorsichtigen Worte, kennt die Begeisterung in der slowenischen Hauptstadt Ljubljana keine Grenzen: Tausende von Bürgern ziehen feiernd durch die Straßen.

Die Wahlen in Serbien und Montenegro bringen indes eine bittere Enttäuschung für alle, die dort auf mehr Demokratie gehofft hatten. Bei den Präsidentschaftswahlen in Serbien gewinnt

Slobodan Milosevic mit klarer Mehrheit (64 Prozent) vor seinem Widersacher Vuk Draskovic (17 Prozent). Dieser steht Milosevic in punkto Nationalismus zwar um nichts nach, ist dafür aber demokratischer veranlagt. Auch beim ersten Teil der Parlamentswahlen - der zweite Wahlgang findet am 25. Dezember statt - konnte sich die Milosevic-Partei SPS klar gegenüber der Serbischen Erneuerungsbewegung (SPO) von Vuk Draskovic behaupten, so daß auch in Zukunft demokratische Verhältnisse in Serbien nicht zu erwarten sind - wie auch in Montenegro. In der kleinen Republik hat sich der »montenegrinische Milosevic«, Momir Bulatovic, klar gegen seine Widersacher durchgesetzt. Bulatovic, ein Mann vom Bund der Kommunisten Montenegros, der am 23. Dezember zum neuen Republikpräsidenten gewählt wird, gilt als enger Verbündeter Milosevics.

Nach den Wahlen sorgt Sloweniens Plebiszit-Ankündigung für weitere Spannungen zwischen den Teilrepubliken. Trotz der Wahlen in Makedonien und Bosnien-Herzegowina haben sich die Mehrheitsverhältnisse im jugoslawischen Staatspräsidium *(Dem Staatspräsidium - das höchste jugoslawische Staatsorgan - gehören jeweils ein Vertreter der sechs Teilrepubliken und der beiden, von Serbien einverleibten Provinzen an; Anm. d. Red)* nicht verändert - zumindest, wenn es um die angeblichen separatistischen Tendenzen geht. So wird Slowenien von Serbien, aber auch von den jugoslawischen Zentralbehörden unter Druck gesetzt. Beide sehen in der Volksabstimmung einen Verstoß gegen die jugoslawische Verfassung. Dagegen fordert die slowenische Führung, das Vetorecht der Teilrepublik anzuerkennen, da es sich um eine Sache handle, die die »Interessen einer Republik nachhaltig berühren«. Auch scheint eine militärische Intervention von seiten der jugoslawischen Armee nicht ausgeschlossen, da sich die Armeeführung in den letzten Wochen unmißverständlich auf die Seite Serbiens geschlagen hatte. Daß die slowenische Führung einen drohenden Einmarsch nicht kampflos hinnehmen würde, macht in den Tagen vor der Volksabstimmung immer wieder das slowenische Fernsehen klar: Demonstrativ werden Bilder von Bereitschaftsübungen der inzwischen aufgebauten slowenischen Territorialeinheiten und Polizeireserven gezeigt.

Auch in Kroatien spitzt sich die Lage zu. Fast gleichzeitig mit dem slowenischen Plebiszit will das kroatische Parlament seine neue Verfassung verabschieden, die Kroatien ebenfalls die Ausrufung der Unabhängigkeit gewährleisten soll - allerdings müßte in diesem Fall Kroatien etwa eine Million Landsleute in Bosnien zurücklassen. Dies ruft wiederum Protest aus dem Gebiet um die Stadt Knin hervor. In diesem, mitten in Kroatien liegendem Gebiet, der Krajina-Region, leben überwiegend Serben, die ihrerseits mit einem selbst erstellten Autonomiestatut auf die Proklamation der neuen kroatischen Verfassung reagieren und im Anschluß die Kontrolle über die Polizeieinheiten übernehmen wollen. Zu allem Überfluß existiert in dieser serbischen Enklave ein kleines Dorf, Kirjevo, in dem wiederum die Kroaten die Bevölkerungsmehrheit stellen.

Zwei Tage vor Weihnachten verabschiedet das kroatische Parlament, das Sabor, ohne Gegenstimmen eine neue Verfassung. Sie definiert die Republik Kroatien als einen einheitlichen, unteilbaren, demokratischen und sozialen Staat, dem die volle Souveränität mitsamt einer eigenen Verteidigung zugesprochen wird. Im Anschluß betont der kroatische Präsident Tudjman, daß die neue Verfassung für Kroatien die gleiche Bedeutung wie für Slowenien das Plebiszit habe. Allerdings würde der verfassungsgebende Akt ein Ausscheiden aus der jugoslawischen Föderation nicht automatisch nach sich ziehen. Vielmehr, so Tudjman, sei Kroatien offen für gleichberechtigte Verhandlungen und für einen »neuen geschichtlichen Vertrag« mit den anderen Republiken. Natürlich hat Tudjman dabei im Hinterkopf, daß Kroatien, anders als Slowenien, der Tatsache Rechnung tragen muß, daß viele Kroaten außerhalb Kroatiens leben. Fast gleichzeitig mit der Verfassungsgebung proklamieren die Serben um Knin, deren Abgeordnete der Sitzung des Sabors ferngeblieben waren, ihre Autonomie. Dies hat wiederum scharfe Angriffe von seiten Tudjmans, der die Souveränität Kroatiens gefährdet sieht, zur Folge.

Unterdessen hat Slowenien alle Versuche aus Belgrad, das Plebiszit in letzter Minute zu unterbinden, abgewiesen. Das jugoslawische Verfassungsgericht hatte es abgelehnt, noch vor dem Volksentscheid über die Verfassungsmäßigkeit des Plebiszits zu entscheiden. Tatsächlich bejahte es grundsätzlich die Zulässigkeit von Volksbegehren. Das jugoslawische Staatspräsidium dagegen hält in seiner Mehrheit das Plebiszit für unannehmbar - ebenso der jugoslawische Verteidigungsminister Veljko Kadijevic, der mit einem Einsatz von Truppen droht, um eine Abspaltung Sloweniens zu verhindern. Die nördlichste Teilrepublik läßt sich jedoch nicht beirren und führt die Abstimmung unbeeindruckt durch. Das Ergebnis ist eindeutig: 88,5 Prozent der Wähler stimmen am 23. Dezember 1990 für eine Trennung von Jugoslawien, nur 3,5 Prozent dagegen.

In Serbien dagegen hat in der zweiten Runde der Parlamentswahlen die SPS einen klaren Sieg davongetragen. Obwohl sie nur eine relative Mehrheit von 43 Prozent erringt, bringt sie es in den beiden Wahldurchgängen auf insgesamt 194 der 250 Parlamentsmandate - ein Ergebnis des von den Kommunisten erlassenen Wahlgesetzes. Zwar haben die Wahlen der Milosevic-Gruppe nun jene nationale Legitimation verschafft, die die westlich orientierten Teilrepubliken als Bedingung für weitere Verhandlungen voraussetzen, doch kann Milosevic jetzt noch freier und ungehemmter seine Politik durchführen als zuvor.

Zu Beginn des Jahres 1991 verschärft sich die Krise dramatisch. Am 4. Januar veröffentlicht die Belgrader Zeitung *Vjesnik* Einzelheiten über das Ausmaß, in welchem die Teilrepubliken Jugoslawiens offenbar ihre Zahlungsverpflichtungen gegenüber dem Bund nicht mehr erfüllen oder gar offene, für das Bundesbudget bestimmte Einnahmen für eigene Zwecke abzweigen. Demnach sind alle Republiken im Rückstand, wobei zwei Drittel des gesamten Fehlbetrages von elf Milliarden Dinar *(neun Dinar gleich einer Mark; Anm. d. Red.)* auf Serbien und seine beiden Regionen entfallen. Auch Slowenien ist mit einer Milliarde Dinar im Rückstand. Bundesministerpräsident Ante Markovic spricht daraufhin von einem »Einbruch in das Zahlungssystems des Bundes« *(Frankfurter Allgemeine Zeitung vom 5. Januar 1991; Anm. d. Red.).*

Gleichzeitig kommt es bei der makedonisch-nationalen Partei VMRO, die siegreich aus den ersten demokratischen Wahlen Makedoniens hervorgegangen war, durch persönliche Feindschaften zur Spaltung. Auch die politische Lage in Bosnien-Herzegowina trägt zur Beruhigung der angespannten Lage nicht bei. Dort versucht die serbische Partei, anstatt des sich loyal an die Instruktionen der Republikführung haltenden Serben Bogic Bogi-

Die paramilitärisch ausgerüstete, kroatische ›Bürgerwehr‹ auf dem Weg zum Nationalpark von Plitvice. (AP)

cevic einen radikaleren Serben ins Staatspräsidium zu hieven. Das würde das Übergewicht Serbiens im Staatspräsidium so weit stärken, daß Abstimmungsergebnisse herbeigeführt werden könnten, die nicht auf der Linie der Regierung Sarajewos liegen.

Am 9. Januar fordert das Staatspräsidium in einer überraschenden und nicht ganz überschaubaren Abstimmung alle »illegalen paramilitärischen Gruppen« auf, innerhalb von zehn Tagen ihre Waffen abzugeben. Andernfalls werde die Armee den Befehl erhalten, gewaltsam die Forderung durchzusetzen. Die Armeeführung, respektive Verteidigungsminister Kadijevic und der extrem pro-serbische Generalstabschef Adzic legen den Beschluß auf ihre Art aus: Offen drohen sie Kroatien mit einer Invasion, wenn diese nicht für ein Entwaffnung der eigenen Bürgerwehren sorgen – Kroatien hatte in den vergangenen Wochen kroatische Polizeireservisten zu einer Art Bürgerwehr herangezogen. Der Vertreter Bosniens im Präsidium, der mit seiner Stimmabgabe zum Zustandekommen der Entscheidung beigetragen hatte, macht daraufhin deutlich, daß nur an die Entwaffnung wirklich illegaler Formationen gedacht war, nicht aber an die Polizeireserven der einzelnen Republiken. Durch die aggressive Haltung der Armeeführung wächst in Kroatien die Angst vor einer militärischen Intervention. Jugoslawien steht kurz vor dem Bürgerkrieg.

Nachdem sich die kroatischen Polizeireserven weigern, ihre Waffen abzugeben, nimmt in den folgenden Tagen die Nervosität dramatisch zu. Wenige Stunden vor Ablauf des Ultimatums und nach mehreren Appellen Kroatiens verlängert das jugoslawische Staatspräsidium die Frist um zwei weitere Tage. Doch auch dieses Ultimatum verstreicht, ohne daß die Territorialeinheiten Anstalten machen, ihre Waffen abzuliefern. Als sich daraufhin das Militär wider Erwarten zurückhält und von einem Einmarsch zunächst absieht, steigert sich die Anspannung. Plötzlich kursieren in Zagreb Gerüchte über einen von den Militärs geplanten Putsch gegen die kroatische Führung, worauf diese mit dem Appell an die Bürger, sich zu bewaffnen und jederzeit kampfbereit zu sein, reagiert. Der kroatische Präsident Tudjman warnt gleichzeitig das jugoslawische Staatspräsidium vor einer militärischen Operation, da in diesem Fall sich Kroatien gezwungen sehe, sofort seine absolute Souveränität auszurufen.

Unerwartet kommt es am 27. Januar zu einer Wende. Durch einen Kompromiß der kroatischen Führung mit der Belgrader Zentralregierung wird der Bürgerkrieg abgewendet. Franjo Tudjman verpflichtet sich, die umstrittenen bewaffneten Verbände in Kroatien aufzulösen. Im Gegenzug soll der Alarmzustand über Kroatien aufgehoben werden. Damit scheint die Gefahr einer Militärintervention gebannt. Das jugoslawische Staatspräsidium erklärt nach der Einigung mit Tudjman, die Gefahr von »interethnischen Zusammenstößen« sei aufgehoben.

Wenige Tage darauf scheint das Auseinanderbrechen des Jugoslawiens der Nachkriegszeit endgültig perfekt zu sein. Am 4. Februar erklärt Slowenien, daß es aufgrund der unsicheren Verhältnisse in den südlichen Teilrepubliken keine Chance mehr sehe, die jugoslawische Föderation in eine Konföderation, also einen lockeren Bund souveräner Einzelstaaten, umzuwandeln. Bereits seit einigen Wochen hatten Kroatien und Slowenien von dem ehemals gemeinsam angestrebten Ziel der Konföderation immer mehr Abstand genommen. Mit der Erklärung Sloweniens, bis Ende Juni die Trennung von Jugoslawien vollzogen haben zu wollen, wird endgültig Abschied von dieser Idee genommen.

Dies ruft natürlich Aufregung in allen Teilen Jugoslawiens hervor. Eine Krisensitzung der verschiedenen Bundesorgane jagt die nächste. Ohne daß dabei konstruktive Erfolge erzielt werden, lassen sich dennoch einige Akzentverschiebungen erkennen. Überraschend ist, daß Serbien immer mehr ins Abseits gerät: Auf den Sitzungen des Staatspräsidiums kann Milosevic nur noch der Unterstützung von Montenegro und der einverleibten Provinz Vojvodina sicher sein. Makedonien und Bosnien-Herzegowina beginnen, sich von Serbien zu distanzieren. Es überrascht aber auch, daß immer weniger über die Rettung des Zentralstaates gesprochen wird. Vielmehr diskutieren die einzelnen Präsidiumsmitglieder über Möglichkeiten der Trennung der Völker. Dieser Grundsatzstreit wird überschattet von der Frage, ob die bestehenden innerjugoslawischen Grenzen unverändert bleiben sollen oder bei einer Auflösung Jugoslawiens neu zu ziehen seien.

Bei der insgesamt fünften Krisensitzung am 13. Februar macht der slowenische Präsident Kucan deutlich, daß das slowenische Parlament in Ljubljana am 20. Februar gesetzliche Maßnahmen für den Austritt Sloweniens aus Jugoslawien beschließen wird. Bosnien-Herzegowina und Makedonien müßten sich, so Kucan, bis zur nächsten Präsidiumssitzung am 22. Februar entschließen, ob sie die föderale oder konföderale Lösung wollten. Zugleich fordert Kucan, soll umgehend eine Bilanz des gemeinsamen jugoslawischen Vermögens erstellt werden, um die Kosten für einen Austritt aus dem Bundesstaat zu berechnen. Beständiges Thema bei allen Krisengipfeln ist natürlich auch die desolate finanzielle Situation des Bundeshaushaltes. Das Finanzchaos hat alle öffentlichen Haushalte und die Wirtschaft des Landes an den Rand des Zusammenbruchs gebracht. Bei dem bereits erwähnten fünften Krisengipfel vereinbaren Slowenien und Serbien - trotz aller Vorbehalte - die Zahlungen an den Bund wieder aufzunehmen.

Die sechste Krisensitzung am 22. Februar bringt keine nennenswerten Ergebnisse. Allerdings wird immer deutlicher, daß die einzelnen Teilrepubliken den Streit um die Frage »Föderation oder Konföderation?« leid sind. Verstärkt fordern sie eine sachliche Diskussion, wie die Zusammenarbeit bei der Umstellung auf die Marktwirtschaft und die Aufgabenteilung zwischen Bund und Ländern organisiert werden könnte.

Unterdessen kommt es in Serbien zu immer stärkeren Auseinandersetzungen zwischen der sich sozialistisch nennenden kommunistischen Führung unter Partei- und Republikpräsident Slobodan Milosevic und der demokratischen Opposition. Bereits seit Wochen hatten die demokratischen Kräfte Serbiens gegen das nach wie vor kommunistisch orientierte System unter Slobodan Milosevic protestiert. Vor allem die absolute Gleichschaltung der Medien, insbesondere des Fernsehens, ist ihnen ein Dorn im Auge.

Am Samstag, dem 9. März, kommt es in Belgrad zu heftigen Straßenschlachten zwischen 70 000 demonstrierenden Oppositionellen und der serbischen Spezialpolizei. Ein siebzehnjähriger Demonstrant und ein Polizist kommen ums Leben; etliche oppositionelle Führer werden von den Sicherheitskräften festgenommen. 36 Stunden später erklären sich Tausende von Studenten solidarisch mit der Opposition. In einer friedlichen Demonstration ziehen sie von ihren Wohnheimen in Neu-Belgrad in die alte Innenstadt und besetzen dort einen Platz an der Terazije, wo ihre Sprecher den Rücktritt des serbischen Innenministers Radmilo Bogdanovic, der leitenden Funktionäre des von Milosevic gleichgeschalteten Fernsehens sowie die Freilassung der verhafteten Führer der demokratischen Opposition fordern. Immer wieder wird auch der Ruf »Milosevic - Saddam Hussein« laut. Solidarische Taxifahrer, die sich mehr und mehr den Studenten anschließen, blockieren die Zufahrtsstraßen zu dem Platz, so daß der Polizei die Möglichkeit genommen wird, mit Räumfahrzeugen gegen die Demonstranten vorzugehen.

Während am Montagnachmittag die demonstrierenden Studenten noch immer den Platz besetzt halten, findet am Save-Ufer in Neu-Belgrad eine Gegendemonstration statt. Zehntausende, aus allen Landesteilen herangekarrte Milosevic-Anhänger fordern die Serben in ganz Jugoslawien zur Einheit auf und beschuldigen die demokratische Opposition in Serbien, »Agenten« des kroati-

Trauer in Belgrad – mit einem Bild des siebzehnjährigen Demonstranten, der am 10. März 1991 bei Zusammenstößen zwischen Regimegegnern und Polizeieinheiten in Belgrad umgekommen war, erscheint dieser junge Mann bei der Beerdigung.

(Süddeutscher Verlag)

schen Republikspräsidenten Franjo Tudjman zu sein und - wie dieser - Serbien und Jugoslawien zerschlagen zu wollen. Im serbischen Fernsehen ist nur von der Pro-Milosevic-Demonstration die Rede. Über die demonstrierenden Oppositionellen und Studenten wird nicht ein einziges Wort verloren.

Tags darauf, am Dienstag, erklärt der Präsident des Staatspräsidiums, Borisav Jovic, daß Jugoslawien unregierbar geworden sei und die Arbeit des kollektiven Staatspräsidiums »paralysiert«. Der Grund: angesichts der seit Samstag stattfindenden Demonstrationen hatten die Vertreter der Teilrepubliken Slowenien, Kroatien, Makedonien und Bosnien-Herzegowina ihre Teilnahme an der für Dienstag geplanten turnusmäßigen Sitzung des Staatspräsidiums abgesagt. Daraufhin beruft Jovic eine Sondersitzung des Staatspräsidiums ein, an der auch Generalstabsoffiziere teilnehmen, die die ›Sicherheitslage‹ erörtern sollen. Dabei wird offensichtlich, daß es Wunsch der Armee ist, den Ausnahmezustand über ganz Jugoslawien zu verhängen. Dadurch würde die Armee die Macht im Staate übernehmen. Das Staatspräsidium lehnt den Antrag jedoch ab, auch im Hinblick auf die dann ausbleibenden ausländischen Finanzhilfen. Nur Serbien und die Provinz Vojvodina stimmen dafür.

Obwohl die serbische Regierung noch am selben Tag zwei der wichtigsten Bedingungen der Demonstranten *(Absetzung der gesamten Führung des Belgrader Fernseh- und Rundfunksenders und Freilassung des Oppositionellen Vuk Draskovic; Anm. d. Red.)* erfüllt, bleiben die Demonstranten weiter auf der Straße. Neben der Freilassung auch der anderen 153 Inhaftierten verlangen sie die Demission der gesamten Regierung Milosevic. Als es am Mittwoch, also am 13. März, zu weiteren Unruhen mit zwei Toten kommt, bietet der Innenminister Serbiens, Radmilo Bogdanovic, seinen Rücktritt an.

Erst am Donnerstag beruhigen sich die Gemüter wieder etwas. Unerwarteterweise ist es gerade der als konservativ eingestufte Verteidigungsminister Veljko Kadijevic, der jeglichen Putschgerüchten den Wind aus den Segeln nimmt. In einer erst an diesem Tag veröffentlichten Geheimrede, die Kadijevic bereits Ende Januar vor dem Staatspräsidium gehalten hatte, heißt es wörtlich: »Ich kann mit voller Verantwortung dem Präsidium als dem höchsten Befehlshaber garantieren: Solange ich auf diesem Posten bin, wird aus einem Putsch überhaupt nichts.« Offenbar tut dies auch seine Wirkung auf die Demonstranten - zumindest brechen sie ihre Demonstration am Donnerstag ab.

Nachdem sich die Lage gerade zu beruhigen scheint, sorgt Slobodan Milosevic am darauffolgenden Wochenende für neuerliche Aufregeung. In einer dramatischen Rede im serbischen Fernsehen erklärt er, daß er das jugoslawische Staatspräsidium nicht mehr anerkennen, seine Beschlüsse nicht befolgen und diese als »illegitim« betrachten werde. Weiter kündigt Milosevic an, daß Serbien, die beiden von Serbien abhängigen Provinzen Vojvodina und Kosovo sowie das mit Serbien verbündete Montenegro in Zukunft das Staatspräsidium boykottieren werden. Als Begründung für diese weitgehend institutionelle Loslösung Serbiens von der jugoslawischen Föderation gibt Milosevic an, daß er eine Präsidentschaft, die sich auf einen Kurs der ›Desintegration‹ Jugoslawiens begeben habe, nicht mehr akzeptieren könne.

Milosevics Schritt war am Freitag der Rücktritt des serbischen Vorsitzenden des Staatspräsidiums, Jovic, vorausgegangen. Jovic, im Grunde ein Handlanger Milosevics, war zurückgetreten, weil er das Staatspräsidium für funktionsunfähig hielt - zumal es sich mit der Ablehnung des Ausnahmezustandes für den Zerfall des Landes ausgesprochen habe. Daraufhin hatte der kroatische Vizepräsident des Staatspräsidiums, Mesic, das Staatspräsidium durchaus für beschlußfähig erklärt. Die Tatsache, daß das Staatspräsidium in seiner Mehrheit die Standpunkte Jovics nicht teile, bedeute noch lange nicht, daß es nicht funktioniere, so Mesic. Als es Mesic am Samstag abend gelingt, fünf Mitglieder des Staatspräsidiums zusammenzutrommeln *(neben Kroatien, Slowenien, Makedonien, Bosnien-Herzegowina nimmt sensationell auch der Delegierte Kosovos teil; Anm. d. Red.)*, scheint die Gefahr eines ›institutionellen Vakuums‹ gebannt zu sein - das Staatpräsidium ist mit fünf Stimmen beschlußfähig. Allerdings bleibt wiederum die Frage: Wie verhält sich das Militär? Vorsichtshalber mobilisieren Kroatien und Slowenien ihre Polizeireserven. Doch die Armeeführung bleibt ruhig.

Milosevics Ziel, Jugoslawien in eine institutionelle Krise zu stürzen, nachdem ihm die Unterstützung im Staatspräsidium immer öfters verweigert worden war, und dadurch einen Bürgerkrieg auszulösen, bei dem die Armee auf seiner Seite steht, scheint plötzlich nicht mehr erreichbar - zumal das serbische Parlament am 20. März den Rücktritt von Borisav Jovic ablehnt. Durch diese Entscheidung des serbischen Parlaments, in dem die aus der Kommunistischen Partei hervorgegangenen Sozialisten die Mehrheit haben, nimmt es zugleich eine Korrektur des Kollisionskurses vor, den Milosevic gegen den jugoslawischen Bund eingeschlagen hatte.

Die wichtigste Frage, die in den nächsten Tagen die Menschen in Jugoslawien bewegt, ist die Frage nach der Haltung des Militärs. Obwohl das Militär öffentlich zusagt, daß es sich nicht in die Politik einmischen wolle, herrscht Unbehagen. Denn es ist offensichtlich, daß in der Führungsspitze Uneinigkeit herrscht. Doch wieder übt das Militär Zurückhaltung und sieht von einem gewaltsamen Eingreifen in die Konflikte ab.

In den folgenden Tagen kommt es zu regem Kontakt zwischen den Führungsspitzen der einzelnen Teilrepubliken. Dies kann jedoch eine gewaltsame Eskalation im Nationalpark von Plitvice nicht verhindern: Am Ostersonntag kommt es dort zu militärischen Auseinandersetzungen zwischen kroatischen Polizeireserven und serbischen Bewaffneten der Krajina-Region. Drei Menschen fallen den Schießereien zu Opfer, nachdem ›Krajina‹ abermals seine Autonomie erklärt hatte, die jedoch auf kroatischer Seite keine Anerkennung fand.

Grund der Streitigkeiten sind also wieder einmal die unterschiedlichen Gebietsansprüche. Allerdings wird den Beteiligten immer klarer, daß der ganze jugoslawische Komplex schwer oder gar nicht zu entwirren ist. Das ergibt sich vor allem aus den gemischten Bevölkerungsverhältnissen und aus den verwickelten, aus der Vergangenheit überkommenen Zusammenhängen. Wichtigste Frage ist, wie die Machtverhältnisse geklärt werden können. Ob Jugoslawien in Zukunft eine Föderation, Konföderation, eine Allianz oder irgend eine andere Struktur aufweisen werde, solle sich ganz pragmatisch aus den Verhandlungen ergeben.

Nachdem die zwischen den Teilrepubliken bestehenden unüberbrückbaren Meinungsverschiedenheiten über die künftige Staatsform Jugoslawiens nicht beigelegt werden können, einigen

sich am 12. April die Präsidenten der sechs Teilrepubliken auf ihrem dritten Krisengipfel auf eine neue Zauberformel: Referendum - das heißt, das Volk soll entscheiden. Bis Ende Mai sollen in den einzelnen Republiken zwei Fragen beantwortet werden:
»1. Soll Jugoslawien gemäß dem kroatisch-slowenischen Vorschlag als loser Bund souveräner Staaten neu konzipiert werden?
2. Soll Jugoslawien, wie Serbien und Montenegro empfehlen, als ›einheitlicher demokratischer Bundesstaat‹ fortbestehen, auf den die Völker einige ihrer Hoheitsrechte übertragen?«

Bosnien-Herzegowina und Makedonien sind ebenfalls für einen Staatenbund, aber gegen ein Ausscheiden aus Jugoslawien. Nach den Worten des slowenischen Präsidenten Milan Kucan, wird sich Slowenien allerdings nicht an der Volksabstimmung beteiligen, da sich die slowenische Bevölkerung bereits im Dezember 1990 in einem Referendum für die Unabhängigkeit und Souveränität entschieden habe.

Knapp eine Woche darauf, bei einem weiteren Präsidententreffen der sechs Republiken am 18. April, distanziert sich auch Serbien von der geplanten Volksabstimmung. Als Begründung gibt Milosevic an, daß für Serbien sowieso feststehe, daß es für die Beibehaltung Jugoslawiens sei. Obwohl dies eine völlig andere Haltung zu der von vergangener Woche ist, überrascht sie wenig. In den letzten Tagen hatte sich die Kritik an dem Referendum verstärkt, da bezweifelt wird, ob durch eine Volksabstimmung die Krise des Landes tatsächlich beigelegt werden könne. Zudem werden offen die Präsidententreffen kritisiert, da sie immer mehr die eigentlichen politischen Instituionen unwichtiger werden lassen. Letztendlich wird auch der Sinn dieser Präsidententreffen in Frage gestellt, da sich eine Aufweichung der verhärteten Fronten auch nach dem vierten Treffen innerhalb von fünf Wochen nicht feststellen läßt.

In den nächsten Tagen kommt es zu wenig Bewegung bezüglich der anstehenden Probleme - die Modalitäten des Referendums bleiben weiter offen. Selbst ein fünftes Präsidententreffen am 1. Mai bleibt ohne Ergebnis.

Einen Tag später entlädt sich dann die aufgestaute Aggression explosionsartig. In der slawonischen, überwiegend von Serben bewohnten, aber in Kroatien liegenden Gemeinde Borovo Selo, kommt es zu bürgerkriegsähnlichen Gefechten zwischen der kroatischen Polizei und bewaffneten Serben: Nachdem kroatische Polizisten in Borovo Selo nach drei vermißten Kollegen schauen wollen, eröffnen serbische Extremisten das Feuer. Zwölf Angehörige der kroatischen Polizei und vier Serben fallen den Kämpfen zum Opfer. Auch in Knin findet ein kroatischer Polizist den Tod, nachdem er von serbischen Aufständischen erschossen wird.

Als es in den nächsten Tagen der politischen Führung des Landes nicht gelingt, die Lage zu entspannen und es weiterhin zu Ausschreitungen kommt, greift plötzlich die Armeeführung ein. Ultimatv fordert sie das Staatspräsidium auf, endlich wieder Ruhe zu schaffen, ansonsten müsse die Armee für Friede und Sicherheit sorgen. Dies scheint eine für das Staatspräsidium kaum erfüllbare Bedingung zu sein, so daß die Erklärung von Verteidigungsminister General Veljko Kadijevic einer Putschandrohung gleichkommt - allerdings mit Erfolg. Nach einer dreitägigen Krisensitzung des Staatspräsidiums treffen Serbien und Kroatien diverse Abmachungen, die möglichst jede militärische Provokation in den labilen Gebieten, wo sowohl Serben als auch Kroaten wohnen, vermeiden sollen. Außerdem wird die jugoslawische Volksarmee (JVA) vom Staatspräsidium ermächtigt, vorerst für die Dauer eines Monats allein für Sicherheit und Ordnung in jenen Gebieten zu sorgen, in denen gemischte Bevölkerungsgruppen leben. Außerdem sollen alle paramilitärischen Einheiten von der Armee entwaffnet werden. Dies stößt jedoch auf Widerstand bei dem kroatischen Führer Tudjman und den serbischen Extremisten in Kroatien, die eine Entwaffnung ablehnen.

Unterdessen halten am 12. Mai die Serben in Krajina ein Referendum ab, das mit deutlicher Mehrheit für einen Anschluß an Serbien und Montenegro endet.

Das Chaos in einem Staat, in dem fast jeder nur noch macht, was er will, erreicht am 15. Mai seinen Höhepunkt: Nachdem der Kroate Mesic bei der Wahl zum Vorsitzenden des Staatspräsidiums durchgefallen ist, steht das Staatspräsidium ohne Präsidenten da. Das heißt: Jugoslawien ist ohne rechtmäßige politische Führung.

Dem geltenden Rotationsprinzip nach hätte an diesem Mitt-

Der bei der Wahl zum Präsidenten des Staatspräsidiums gescheiterte Stjepan Mesic. (Süddeutscher Verlag)

woch Mesic den seit einem Jahr amtierenden Jovic in seinem Amt beerben sollen. Doch die Vertreter Serbiens, Montenegros und die der beiden autonomen Provinzen verweigern dem bisherigen Vizepräsidenten ihre Stimmen. Die zur Wahl benötigten fünf Stimmen werden verfehlt. Da die jugoslawische Verfassung so einen Fall überhaupt nicht vorsieht, bedeutet dies eine bewußte Steuerung des jugoslawischen Staates in eine Verfassungskrise. Seit Donnerstag Null Uhr steht das Land ohne funktionsfähiges Staatsoberhaupt da. Es ist bezeichnend für die absurde Situation, daß sich die Zuspitzung der Dauerkrise an einem eigentlich rein protokollarischen Problem entzündet. Verantwortlich für die Situation ist allein Serbien und seine politisch gleichgeschaltete Klientel. Obwohl Mesic ein Jahr lang mit Jovic gut zusammengearbeitet hat, will Serbien Mesic als Präsidenten des Staatspräsidiums nicht akzeptieren. Der Verfassung nach bleibt es jedoch rein Kroatien überlassen, wen es für die zeitlich begrenzte Präsidentschaft stellen will. Wieder einmal übt Serbien einen Anschlag auf die politische Funktonsfähigkeit des Landes aus. Da das nun lahmgelegte Staatspräsidium der oberste Befehlshaber der Armee ist, ist die Problematik von besonderer Brisanz. Der jugoslawische Regierungschef Ante Markovic spricht von »politischem Selbstmord«.

Die nächsten Tage sind gekennzeichnet von Irrungen und Wirrungen - bis das Chaos kaum mehr zu überbieten ist. Während sich auf Bundesebene chaotische Zustände abspielen, die keine Lösung in der Präsidentschaftsfrage erkennen lassen, hält Kroatien am 19. Mai ein Referendum über die Zukunft der Teilrepublik ab. Es ist das zweite nach der Volksabstimmung in Slowenien.

Dabei spricht sich mit der großen Mehrheit von 94,3 Prozent der Stimmen die kroatische Bevölkerung für die Unabhängigkeit Kroatiens aus. Nach der Bekanntgabe des Ergebnisses sagt der kroatische Präsident Tudjman: »Serbien hat die Grundlagen Jugoslawiens zerstört.« Er macht klar, daß eine Allianz der einzige Ausweg sei. Sollte diese nicht zustandekommen, werde Kroatien »seinen selbständigen Weg gehen, eine eigene Armee aufbauen und sich um internationale Anerkennung bemühen«.

Am Donnerstag, den 30. Mai, beschließt das kroatische Parlament die Trennung von Jugoslawien bis zum 30. Juni. In dem Beschluß heißt es wörtlich: »Das Parlament verpflichtet die Regierung, alle Vorbereitungen zur Gründung eines Staatenbundes zu treffen. Das Parlament beschließt die Trennung von Jugoslawien, falls über dessen Umwandlung nicht bis spätestens zum 30. Juni ein Abkommen erzielt wird.« Zuvor hatte Slobodan Milosevic mit Gebietsansprüchen gedroht, falls sich einzelne Republiken abspalten würden.

Nach Slowenien, das auf jeden Fall bis zum 26. Juni alle

gesetzlichen Vorkehrungen für einen Austritt aus dem Vielvölkerstaat treffen will, folgt damit Kroatien dem Wunsch seiner Bevölkerung. Die sich verstärkenden Auflösungserscheinungen des Staates zeigen sich auch in der fortdauernden Funktionsunfähigkeit des jugoslawischen Staatspräsidiums. Noch am Dienstag und Mittwoch waren zwei weitere Versuche, den Vorsitzenden dieses höchsten Bundesorgans zu stellen, gescheitert.

Der Schein trügt – nur für das Photo treten die sechs Republikpräsidenten gemeinsam auf (v.l.n.r.: Momir Bulatovic aus Montenegro, der Slowene Milan Kucan, Franjo Tudjman aus Kroatien, der makedonische Gastgeber Kiro Gligorov, Alija Izetbegovic aus Bosnien-Herzegowina und der Serbe Slobodan Milosevic). (Keystone)

Die Verteilung der Nationalitäten

Serben

Kroaten

Bosnier

Slowenen

Albaner

Makedonen

Montenegriner

Ungarn, Rumänen

Die Verbreitungsgebiete der jeweiligen Nationalitäten können sich überschneiden.

Die Zersplitterung
Die Volkszugehörigkeit der Republiken
und autonomen Provinzen
(in Prozent)

Eine Woche später herrscht einmal mehr ein Wechselbad der Gefühle. Am Mittwoch, den 5. Juni, macht Slowenien gegenüber dem jugoslawischen Parlament noch einmal deutlich, daß es bis zum 26. Juni dem Bund formell seinen Austritt mitteilen wird. Tags darauf erklärt der slowenische Finanzminister, daß die geplante Trennung Sloweniens von Jugoslawien sich über einen längeren Zeitraum erstrecken wird. Auch nach dem 26. Juni werde es kein slowenisches Geld geben und weiterhin werden die Slowenen mit jugoslawischen Pässen reisen.

Bei der am selben Tag stattfindenden und mit Spannung erwarteten Zusammenkunft der sechs Republikpräsidenten in Sarajewo, scheint plötzlich wieder mehr Harmonie zwischen den verfeindeten Lagern zu herrschen. Zwar bringt sie keine konkreten Übereinkommen, doch ist die Entwicklung Jugoslawiens in eine Allianz unabhängiger Staaten immer absehbarer. Um Eigenmächtigkeiten der Armee zu verhindern, soll endlich auch wieder das Staatspräsidium - als oberster Befehlshaber der Armee - funktionsfähig werden.

Ein von Makedonien und Bosnien-Herzegowina eingebrachter Kompromißvorschlag läßt neue Hoffnungen auf eine friedliche Lösung aufkeimen: Er sieht vor, daß die jugoslawischen Republiken souveräne Staaten sein werden, mit eigener Außenpolitik bis hin zur Mitgliedschaft in den Vereinten Nationen, mit eigenem Militär, eigener Wirtschaftspolitik und einer eigenen Währung. Gemeinsame Bindungen sollen indes in der Außenpolitik, in der Wirtschafts- und Finanzpolitik sowie der Verteidigungspolitik erhalten bleiben. Diese Lösung könnte vor allem Serbien das Gefühl geben, noch in einem gemeinsamen Staat zu leben. Bosnien-Herzegowina könnte als selbständiger Staat bestehen, was schwere Konflikte vermeiden könnte. Außerdem würden die Wünsche Sloweniens und Kroatiens nach international anerkannter Selbständigkeit berücksichtigt werden. Von der Verwirklichung des Plans ist man allerdings noch weit entfernt - zumal man sich keinen Illusionen hingeben sollte. Schon zu oft sind die Hoffnungen auf eine friedliche Lösung wie Seifenblasen zerplatzt. Man muß in Jugoslawien eben immer noch auf den nächsten Tag warten.

Das politische Leben findet auf der Straße statt: Demonstranten in der Hauptstadt Belgrad. (dpa)

Die Chronik Jugoslawiens

6. bis 18. Jahrhundert
Im sechsten Jahrhundert n. Chr. erreichen die Südslawen (Serben, Kroaten, Slowenen und Bulgaren) im Zuge der großen Völkerwanderung den Balkan.

Die Slowenen geraten im achten Jahrhundert unter die Herrschaft der Franken und - im weiteren Verlauf - unter römisch-katholischen Einfluß. Ihre Siedlungsgebiete erhalten einen fast mitteleuropäischen Charakter.

In Kroatien entsteht zu Beginn des zehnten Jahrhunderts ein der römischen Kirche zugewandtes Königreich. 1526 gerät es zusammen mit Ungarn unter die Herrschaft der Habsburger.

Die Serben können ihre Unabhängigkeit vom Zeitpunkt ihrer Ansiedlung bis ins 14. Jahrhundert hinein wahren. Stefan Nemanja (1168 bis 1196) gründet das eigentliche serbische Königreich, in dem sieben Könige und zwei Kaiser herrschen werden.

Am 28. Juni 1389 unterliegen die Serben in der entscheidenden Schlacht auf dem Amselfeld gegen die anstürmenden Osmanen - die Tragödie von Kosovo.

In Bosnien entwickelt sich im Mittelalter trotz der östlich-orthodoxen und abendländisch-katholischen Einflüsse eine eigene »bosnische Kirche«.

Die Region Bosniens fällt 1463 unter die Herrschaft der Türken. In einer Abwehrhaltung gegen die orthodoxe Kirche in Serbien und den Katholizismus in Kroatien konvertieren anschließend zahlreiche Bauern, Großgrundbesitzer und Teile des Adels zum Islam; Anfang des 17. Jahrhunderts sind nahezu drei Viertel der Bevölkerung Mohammedaner. Das prägt entscheidend die Gesellschaftsstruktur in Bosnien.

19. Jahrhundert
Im Frieden von San Stefano 1878 handeln - nach Ende des russisch-türkischen Krieges - die Großmächte eine neue Ordnung für die Region aus. Wichtiger Bestandteil: Die langfristige Unabhängigkeit Serbiens und Montenegros. Beide werden selbständige Fürstentümer.

England und die Habsburger sind enttäuscht und fordern neue Verhandlungen, die unter Vermittlung Bismarcks ebenfalls 1878 auf dem Berliner Kongreß geführt werden. Ergebnis: den Habsburgern wird gestattet, Bosnien-Herzegowina zu besetzen, obwohl dort eine große und aufbegehrende serbische Minderheit lebt – die Lunte für den gefährlichen serbisch-österreichischen Konflikt ist gelegt.

Vor dem Ersten Weltkrieg

Als Beweis ihrer Macht annektieren die Habsburger das bislang nur besetzte Bosnien.

Slowenien und Kroatien bleiben bis zum Ausbruch des Ersten Weltkrieges unter Herrschaft und Einfluß der Habsburger, während Serbien 1882 und Montenegro 1910 von den Osmanen unabhängige Königreiche werden.

1914

Am 28. Juni, dem 525sten Jahrestag der serbischen Niederlage auf dem Amselfeld, wird der österreichische Thronfolger während eines Besuchs in Sarajewo von einem serbischen Nationalisten ermordet. Der Konflikt zwischen Österreich-Ungarn und Serbien eskaliert; im August bricht der Erste Weltkrieg aus.

1918

Anfang Oktober gründet sich der »Nationalrat der Slowenen, Kroaten und Slawonen« in Zagreb. Das ist ein Zusammenschluß aller bislang im österreichisch-ungarischen Machtbereich lebenden Südslawen, die einen unabhängigen Staat anstreben.

Nach schwierigen Verhandlungen zwischen dem Nationalrat und den Vertretern des serbischen Königreichs kommt es am 1. Dezember zur Vereinigung und zur Gründung des »Königreiches der Serben, Kroaten und Slowenen«. Grundsätzlicher Streitpunkt bleibt die künftige Regierungsform. Während die Serben einen zentralistischen Staat anstreben, fordern Kroaten und Slowenen eine Föderation.

1920

In einer Volksbefragung am 10. Oktober entscheidet sich die Mehrheit der Kärntner für den Verbleib in Österreich; die Grenze nach Jugoslawien wird erst südlich davon festgelegt.

Im Vertrag von Trianon am 4. November werden die Grenzen zu Ungarn geregelt. Die Hoffnungen der Jugoslawen auf einen Korridor zur Tschechoslowakei und zum Kohlebecken von Pecs werden enttäuscht.

Ebenfalls im November muß das junge Königreich Gebietskompromisse Italien gegenüber machen: Triest, Istrien, die Stadt Zadar sowie zahlreiche Inseln werden italienisch. Hauptleidtragende sind die Kroaten. Ihre Unzufriedenheit und ihre Ressentiments gegen einen von Serben dominierten Zentralstaat wachsen schnell.

Am 28. November finden die Wahlen zur Verfassunggebenden Versammlung statt. Wichtigste Parteien unter den insgesamt 419 Abgeordneten im neuen Parlament: die zentralistische Demokratische Partei (DS), die mit 92 Abgeordneten größte Fraktion wird, die pro-serbischen »Radikalen« (NRS) mit 91, die Kommunistische Partei mit 55 und die Radikale Kroatische Bauernpartei (HRSS) mit 50 Sitzen.

Bereits im Dezember erläßt die Regierung eine »Bann-Verordnung« gegen die KPJ, weil sie Initiatorin zahlreicher Streiks gewesen sei. Die Partei muß ihre Arbeit beenden und ihre Büros schließen.

1921

Im Juni folgt das »Gesetz zur Sicherheit und Ordnung«, das die Immunität der kommunistischen Abgeordneten aufhebt. Die Partei wird endgültig in die Illegalität gedrängt.

Am 28. Juni wird ein zentralistischer Entwurf für eine parlamentarische Monarchie verabschiedet, obwohl sich zahlreiche slowenische, kroatische und dalmatinische Abgeordnete nicht an der Abstimmung beteiligen. Ohne deren Zustimmung wird somit über einen Zentralstaat unter Vorherrschaft der Serben entschieden.

1925

Mitte Juli schließen sich - trotz der nach wie vor heftigen Auseinandersetzungen um die Staatsform kroatische und serbische Politiker zu einer Koalition zusammen; die nationale Konfrontation bleibt indes bestehen.

1928
Am 28. Juni wird der Kroate Stjepan Radic mit vier Parteikollegen aus der HRSS im Parlament von einem Mitglied der serbischen NRS erschossen - die nationale Einigung scheint unmöglich, der Parlamentarismus unfähig, sie herzustellen.

1929
König Alexander löst am 26. Januar das Parlament auf und setzt die Verfassung außer Kraft.

1931
Am 3. September erläßt König Alexander eine neue Schein-Verfassung, die zwar die Bildung eines Zwei-Kammer-Parlaments vorsieht, gleichzeitig aber alle entscheidenden Machtbefugnisse beim König beläßt.

1934
Am 1. Mai schließen Jugoslawien und das Deutsche Reich einen Handelsvertrag, der die Deutschen zur Abnahme überteuerter jugoslawischer Produkte verpflichtet, die Abhängigkeit des Königreichs vom Absatzmarkt des Reiches gleichzeitig aber erheblich erhöht. Bei einem Staatsbesuch in Frankreich am 9. Oktober wird König Alexander ermordet; seine Nachfolge tritt ein Regentschaftsrat unter der Führung von Prinz Paul an.

Im gleichen Jahr kommt Josip Broz unter dem Decknamen »Tito« ins Zentralkomitee der nach wie vor verbotenen Kommunistischen Partei Jugoslawiens; zwei Jahre später wird er mit der Reorganisation seiner Partei beauftragt und führt eine föderale Struktur der Partei ein.

1939
Im August erhalten die seit der Gründung Jugoslawiens nach mehr Unabhängigkeit im Staatsverband strebenden Kroaten ein großes Maß an Autonomie - zum Ärger serbisch-nationalistischer Kreise.

1941
Am 25. März unterzeichnen Regierungschef Cvetkovic und Außenminister Cincar-Markovic - nach langem Drängen Hitlers - den Beitritt Jugoslawiens zum Dreimächtepakt.

Zwei Tage später, am 27. März, putschen als Reaktion darauf serbische Offiziere gegen die Regierung in Belgrad und machen den noch minderjährigen Sohn König Alexanders, Peter II., zum neuen König.

Am 6. April beginnt die Luftwaffe den deutschen Einmarsch nach Jugoslawien; am 17. April muß die Armeeführung die bedingungslose Kapitulation des Staates unterschreiben.

Bereits am 10. April erklärt ein Mittelsmann der faschistischen, kroatischen Ustascha-Bewegung Kroatiens Unabhängigkeit. Am 15. April erkennen Deutsche und Italiener den »Unabhängigen Staat Kroatien« (USK) diplomatisch an; tatsächlich bleibt der ›Staat‹ von den Deutschen vollkommen abhängig.

Die KP Jugoslawiens bildet am 10. April ein Militärkomitee unter der Leitung Titos; am 4. Juli beschließt sie, mit dem Aufstand gegen die deutschen Besatzer zu beginnen.

1943

Auf seiner zweiten Sitzung im November gründet der Antifaschistische Rat der Volksbefreiung Jugoslawiens - ein ein Jahr zuvor geschlossenes Bündnis aller Widerstandsgruppen unter Führung der Kommunisten - ein Nationalkomitee, das als provisorische Regierung das befreite Jugoslawien vertreten und administrative Aufgaben übernehmen soll.

Auf der Konferenz von Teheran mit Stalin, Churchill und Roosevelt, die vom 28. November bis 1. Dezember stattfindet, vereinbaren die Alliierten, ihre Hilfe für die jugoslawische Exilregierung zu verringern und Tito mit seiner Volksbefreiungsarmee zu unterstützen.

1944

Am 25. Mai können die Partisanen einen Angriff deutscher Luftlandeeinheiten auf das Hauptquartier Titos gerade noch abwehren - Grund genug, um das Datum später als Geburtstag Titos zu feiern.

Im Juni einigen sich Exilregierung und Nationalkomitee und unterzeichnen ein Abkommen, das die Forderungen Titos - unter anderem die Bestrafung aller »Volksverräter und Kollaborateure« - anerkennt.

1945

Am 7. März konstituiert sich die Provisorische Regierung des »Demokratischen Föderativen Jugoslawien«.

Im Frühjahr wird - auf Betreiben und unter der Vormacht der KPJ - die »Volksfront« gegründet. Neue Gesetze zur Vereinigungsfreiheit untersagen jede politische Tätigkeit außerhalb der »Front« - ein erster und entscheidender Schritt in Richtung Einparteienstaat.

Bei den ersten Wahlen am 11. November für die beiden Kammern der Verfassunggebenden Versammlung gewinnt die Volksfront 90 und 88 Prozent der Stimmen.

Am 29. November wird die Monarchie formal beendet und die »Föderative Volksrepublik Jugoslawien« ausgerufen.

1946

Am 30. Januar nimmt die Versammlung eine neue föderative Verfassung an. Das Parlament besteht fortan aus zwei gleichberechtigten Kammern, dem Bundesrat und dem Nationalitätenrat als Vertretung der Länder. Tito wird erster Regierungschef.

1947

Im September tritt Jugoslawien auf einem Treffen aller kommunistischen Staaten dem »Kommunistischen Informationsbüro« (Kominform) bei. Sitz des Büros: Belgrad.

1948

Nach schweren Auseinandersetzungen mit der UdSSR wird Jugoslawien am 28. Juni aus der Kominform ausgeschlossen.

1949

Dem beginnenden Wirtschaftsboykott gegen Jugoslawien folgt Anfang des Jahres der Ausschluß aus dem Rat für Gegenseitige Wirtschaftshilfe (RGW).

1950

Im Juni erläßt das Parlament auf der Grundlage von Titos Wirtschaftsvorstellungen das Gesetz über die Arbeiterselbstverwaltung; in über 6000 Betrieben werden die ersten Arbeiterräte gewählt.

PROLETERI

Lange Zeit beherrschte eine Partei das Land – der Bund der Kommunisten (auf seinem VIII. Kongreß 1965). (Interfoto)

1952
Auf ihrem sechsten Kongreß im November benennt sich die KP um. Neuer Name: Bund der Kommunisten Jugoslawien.

1953
Im Rahmen einer Änderung am 13. Januar verliert die jugoslawische Verfassung ihren wesentlichen föderativen Charakter: Während der Nationalitätenrat als bisherige zweite Kammer dem Bundesrat untergliedert wird, rückt ein Produzentenrat an seine Stelle. Gleichzeitig wird das Modell der Arbeiterselbstverwaltung in der Verfassung verankert und Tito in Personalunion zum Staats- und Ministerpräsidenten gewählt.

1954
Tito und der indische Premierminister Nehru veröffentlichen am 22. Dezember die Deklaration über die »aktive friedliche Koexistenz«.

1955
Am 2. Juni besucht Nikita Chruschtschow Jugoslawien und gesteht in der »Belgrader Deklaration« Fehler der früheren sowjetischen Führung ein. Das Verhältnis bessert sich, doch die grundsätzlichen Differenzen können nicht ausgeräumt werden.

Drei Wochen danach, am 23. Juni, kommt es zur Erklärung von Belgrad, in der Tito das Recht auf unterschiedliche Wege zum Sozialismus proklamiert.

1956
Beim »kleinen Gipfeltreffen« mit den Staatschefs Äygptens (Nasser), Indiens (Nehru) und Indonesiens (Sukarno) findet Tito Unterstützung für seine Vorstellungen von der Bewegung der Blockfreien als System kollektiver Sicherheit.

1961
Vom 1. bis 6. September findet in Belgrad die I. Konferenz der Blockfreien statt, an der zwanzig Regierungschefs teilnehmen.

1963
Auch in der Verfassung vom April bleibt der föderative Bestandteil zweitrangig, obwohl er im neuen Namen »Sozialistische Föderative Republik« noch immer hervorgehoben wird. Die Ämter des

Staats- und des Ministerpräsidenten werden wieder getrennt; Tito bleibt Staatsoberhaupt und Oberbefehlshaber der Streitkräfte.

1969
Auf seinem IX. Kongreß im März ersetzt der BdKJ das Zentralkomitee durch ein Parteipräsidium, dessen Besetzung nach einem strengen Republikproporz erfolgt.

1971
Im Juni verlagert das Parlament im Rahmen von 22 Verfassungsänderungen die Machtbefugnisse im Staat zugunsten der Republiken. An die Stelle des Staatspräsidenten tritt ein kollektives Organ - das Staatspräsidium -, in das jede Republik und die autonomen Provinzen je einen Vertreter entsenden können. Hinzu kommt - kraft seines Amtes - der Vorsitzende des BdKJ. Tito wird - auf Lebenszeit - zum Präsidenten bestimmt.

Im Dezember kann Tito erst nach einer Drohung mit der Armee streikende kroatische Studenten zur Aufgabe und die Führungsspitze des BdK Kroatien zum Rücktritt bewegen, nachdem der Nationalitätenstreit zu eskalieren drohte.

1974
Im Januar verabschiedet die Bundesversammlung die vierte Nachkriegsverfassung des Landes, in der die Änderungen von 1971 fest verankert werden.

Auf seinem X. Parteikongreß im Mai schwört die Zentrale des BdKJ die Mitglieder wieder auf den Klassenkampf als entscheidende Aufgabe ein.

1979
Auf der VI. Konferenz der Blockfreien in Havanna im Herbst 1979 kann Tito gerade noch verhindern, daß die Sowjetunion als »natürlicher Verbündeter« der Bewegung eine Vormachtstellung erringen kann, während sie im gleichen Jahr in das blockfreie Afghanistan einmarschiert.

1980
Am 4. Mai stirbt Josip Broz »Tito«.

1981
Eine Volkszählung wird durchgeführt.

НУДИ НАЈВИШЕ

Demonstration auf serbisch – Studenten fordern die Freilassung des Oppositionspolitikers Vuk Draskovic. (Keystone)

Blutige Auseinandersetzungen zwischen Serben und Albanern, Anfang April, sorgen für den ersten, offen ausgetragenen Nationalitätenkonflikt der Nach-Tito-Ära.

1985
Im Juli kritisiert Albanien die jugoslawische Minderheitenpolitk im Kosovo als »beinahe rassistisch«.

1986
In einem von der serbischen Akademie veröffentlichten Memorandum wird die angeblich diskriminatorische Politik Titos gegenüber Serbien hervorgehoben.

Slobodan Milosevic wird Parteivorsitzender des BdK Serbien.

Im Schauprozeß gegen Artukovic wird dieser wegen der Ustascha-Kriegsverbrechen zum Tode verurteilt.

1987
Milosevic wird als Nachfolger Ivan Stambolics Präsident der serbischen Republik.

1988
Die Autonomie der Provinzen Vojvodina und Kosovo wird durch die serbische Führung am 25. Juli eingeschränkt.

Am 30. Dezember reicht die jugoslawische Regierung unter Mikulic ihren Rücktritt ein.

1989
Das slowenische ZK teilt Mitte Januar offiziell mit, daß es das kommunistische Parteienmonopol aufheben werde. Das Mehrparteiensystem soll angestrebt werden.

Das Kabinett des Wirtschaftsexperten Ante Markovic nimmt seine Regierungstätigkeit auf (16. März).

Am 23. März muß das Parlament im Kosovo unter dem Druck der serbischen Miliz seiner eigenen Entmachtung zustimmen. Der Autonomiestatus durch die Verfassungsänderung von 1974 wird von der serbischen Führung aufgehoben.

Nachdem sich in Slowenien etliche Oppositionsgruppen gebildet haben, fordern diese in der »Mai-Deklaration« u.a. freie Wahlen unter den Bedingungen des Mehrparteiensystems und die Souveränität Sloweniens.

Sehnsucht nach dem ›Garant der Freiheit‹: ein alter Mann fordert die starke Hand der Armee. (dpa)

Ein Bild, das die Hoffnung auf eine friedliche Lösung der Konflikte nährt. (dpa)

Auch in Kroatien bilden sich erste demokratische Parteien.

Am 27. September verabschiedet das slowenische Parlament 54 Novellen zur slowenischen Verfassung. In ihnen wird dem slowenischen Volk ausdrücklich das Recht auf Sezession zugebilligt.

1990

Am 23. Januar endet der XIV. Kongreß des Bundes der Kommunisten Jugoslawien (BdKJ) mit der Vertagung des Kongresses auf einen unbestimmten späteren Zeitpunkt. Das Ende der kommunistischen Partei Jugoslawiens ist eingeläutet. Im Mai wird der BdKJ endgültig aufgelöst.

Am 7. März beschließt das slowenische Parlament, das Wort »sozialistisch« aus dem Republiknamen zu streichen.

Einen Monat später finden in Slowenien die ersten freien Parlamentswahlen seit dem Zweiten Weltkrieg statt. Mit knapp 55 Prozent geht der DEMOS-Block, eine Vereinigung der Oppositionsparteien, als Sieger hervor. Die ehemalige kommunistische Partei erhält 17,3 Prozent. Zum neuen Republikpräsidenten wird der Reformkommunist Milan Kucan gewählt.

Auch in Kroatien werden die ersten freien Wahlen abgehalten (22./23. April und 6./7. Mai). Es siegt die Kroatische Demokratische Gemeinschaft unter Franjo Tudjman. Er wird gleichzeitig neuer Republikpräsident.

Das slowenische Parlament erklärt am 2. Juli Republikgesetze über Bundesgesetzen stehend.

Am selben Tag läßt der serbische Führer Slobodan Milosevic die Regierung und das Parlament von Kosovo auflösen, nachdem über hundert albanische Abgeordnete die Unabhängigkeit der Provinz ausgerufen hatten. Eigenmächtig hebt er die Autonomie der beiden Provinzen Vojvodina und Kosovo auf.

In Serbien wird die Sozialistische Partei Serbiens gegründet (16. Juli). Vorsitzender der Nachfolgepartei der Kommunisten ist Slobodan Milosevic.

Dem Beispiel Sloweniens folgend verabschiedet am 25. Juli das kroatische Parlament bedeutende Verfassungsnovellen. Kroatien soll zu einer »parlamentarischen Demokratie« umgewandelt werden.

Mancherorts beherrschen bereits die Panzer der Jugoslawischen Volksarmee das Straßenbild. (Keystone)

Freie Wahlen in Makedonien (11. und 25. November) und Bosnien-Herzegowina (18. November und 2. Dezember).

Bei den Wahlen in Serbien und Montenegro (9. Dezember) setzen sich die kommunistischen Kräfte durch. Republikpräsident in Serbien wird Slobodan Milosevic.

Zwei Tage vor Weihnachten verabschiedet das kroatische Parlament seine neue Verfassung.

Einen Tag später votiert bei einem Volksentscheid in Slowenien die absolute Mehrheit der slowenischen Bevölkerung für den Austritt aus dem Bundesstaat.

1991
Anfang Januar steht der jugoslawische Finanzhaushalt vor dem Ruin, nachdem monatelang die einzelnen Republiken ihren Zahlungsverpflichtungen gegenüber dem Bund nicht nachgekommen sind.

Die Armeeführung fordert Kroatien auf, die kroatische Bürgerwehr zu entwaffnen. Nachdem sich die kroatische Führung zunächst weigert, dem Ultimatum Folge zu leisten, droht Jugoslawien der Bürgerkrieg. Durch einen Kompromiß wird dieser in letzter Minute abgewendet.

Am 13. Februar beschließen Slowenien und Serbien die Zahlungen an den Bund wieder aufzunehmen.

Mitte März wird Belgrad von einer Demonstrationswelle erfaßt. Bürger, Studenten und Oppositionelle fordern zu Zigtausenden den Rücktritt des sozialistischen Regimes von Slobodan Milosevic. Bei blutigen Straßenkämpfen mit serbischen Polizeikräften kommt es zu vielen verwundeten und drei toten Demonstraten.

Der Präsident des Staatspräsidium, Borisav Jovic, reicht am 15. März seinen Rücktritt ein. Dem wird Tage später nicht stattgegeben, so daß er bis zum 15. Mai ordnungsgemäß in diesem Amt bleibt.

Am Ostersonntag kommt es im Nationalpark von Plitvice zu gewaltsamen Auseinandersetzungen zwischen serbischen Extremisten und kroatischen Polizeikräften.

Anfang Mai finden die Auseinandersetzungen zwischen den in Kroatien lebenden Serben und den kroatischen Sicherheitskräften einen neuen, traurigen Höhepunkt. Bei Schießereien in der serbischen Enklave Borovo Selo kommen 16 Menschen um.

Unterdessen enden verschiedene Gipfeltreffen der sechs Republikpräsidenten ohne konkrete Ergebnisse.

Die serbische Enklave Krajina hält ein Referendum ab (12. Mai), das eine deutliche Mehrheit für einen Anschluß an Serbien und Montenegro hervorbringt.

Der turnusmäßige Wechsel der Präsidentschaft des Staatspräsidiums scheitert (15. Mai). Nach einjähriger Amtszeit sollte der Serbe Jovic sein Amt an den Kroaten Mesic übergeben. Mesic erhält bei diesem eigentlich rein protokollarischen Akt keine

Mehrheit. Jugoslawien ist ohne anerkannte, institutionelle politische Führung.

Die EG spricht sich für einen Erhalt Jugoslawiens in der jetzigen Form aus.

In einem Referendum am 19. Mai votieren 94,3 Prozent der Kroaten für die Unabhängigkeit.

Anfang Juni stiftet die slowenische Führung Verwirrung, da es hinsichtlich des Austritts Sloweniens aus der jugoslawischen Föderation (vorgesehen für den 26. Juni) keine einheitliche Meinung vertritt.

Einen Tag vor dem ursprünglich ins Auge gefaßten Termin erklären am 25. Juni die Parlamente Sloweniens und Kroatiens die Unabhängigkeit ihrer Teilrepubliken. Durch diesen einseitigen Abschied vom jugoslawischen Staatenbund scheint das endgültige Aus des Vielvölkerstaates besiegelt.

(Süddeutscher Verlag)

»Es ist paradox, daß Jugoslawien auseinanderfällt, während sich ganz Europa vereinigt.«

JACQUES DELORS, PRÄSIDENT DER EG-KOMMISSION

Die Republiken im Überblick

Bosnien-Herzegowina

Fläche: 51129 qkm. *Einwohner*: 4,124 Mio (1981), davon 39,5% Muslime, 32,0% Serben, 28,5% Kroaten. *Hauptstadt*: Sarajewo. *Staatsoberhaupt*: Ein siebenköpfiges Präsidium, das durch Volkswahl bestimmt wird. Muslime, Serben und Kroaten stellen je zwei Mitglieder, ein Mitglied vertritt andere Nationalitäten. Vorsitz: Alija Izetgegovic (SDA).

Volksvertretung: Zweikammerparlament mit einem ›Rat der Bürger‹ (130 Abgeordnete) und einem ›Rat der Gemeinden‹ (110 Sitze für je einen Vertreter der Gemeinden). Die ersten freien Wahlen unter den Bedingungen des Mehrparteiensystems fanden am 18.11. und 2.12.1990 statt. Von den insgesamt 240 Sitzen fielen 202 an die nationalen Parteien, die die ethnischen Gruppen vertreten: muselmanische ›Partei der Demokratischen Aktion‹ (SDA) 86 sitze, ›Serbische Demokratische Partei‹ (SDS) 72 und ›Kroatische Demokratische Gemeinschaft‹ (HDZ) 44. Die bisherigen Kommunisten blieben ohne Bedeutung.

Regierung: Kabinett Pelivan vom 19.12.1990. *Regierungspräsident:* Jure Pelivan

Kroatien

Fläche: 56538 qkm. *Einwohner*: 4,601 Mio. (1981), davon 11,6% Serben. *Hauptstadt*: Zagreb.

Staatsoberhaupt: Republikpräsident Dr. Franjo Tudjman, Führer der ›Kroatischen Demokratischen Gemeinschaft‹ (HDZ), die bei den Parlamentswahlen im April/Mai 1990 die absolute Mehrheit gewann.

Volksvertretung: Drei-Kammer-Parlament (›SaborFE), mit insgesamt 356 Sitzen: ›Gesellschaftspolitischer Rat‹ (80 Sitze); ›Rat der Gemeinden‹ (116); ›Rat der assoziierten Arbeit‹ (160). Bei den ersten freien Wahlen am 22./23.4. sowie am 6./7.5.1990 errang die von Tudjman geführte HDZ mit 57,6% die absolute Mehrheit und im Gesamtergebnis 205 Mandate im ›Sabor‹.

Regierung: seit August 1990 Kabinett Manolic. *Regierungspräsident:* Josip Manolic

Makedonien

Fläche: 25713 qkm. *Einwohner*: 1,9 Mio. (1981), davon 67,0% Makedonier und 19,7% Albaner. *Hauptstadt*: Skopje.
Staatsoberhaupt: Republikpräsident Kiro Gligorov, auf den sich am 27.1.1991 alle Parteien geeinigt hatten.
Volksvertretung: Parlament mit 120 Sitzen. Die ersten freien Wahlen fanden am 11./25.11.1990 statt. Sitzverteilung: ›Bund der Kommunisten - Partei für Demokratische Umgestaltung‹ (SKM-PDP) 31 Sitze; ›Bund der Reformkräfte Makedoniens‹ (ebenfalls kommunistisch; SRSM) 19; ›Demokratische Partei für die makedonische nationale Einheit‹ (VMRO) 37; ›Partei der Demokratischen Prosperität‹ (Albaner; PDP) 25; Sonstige 8.

Montenegro

Fläche: 13812 qkm. *Einwohner*: 584310 (1981). *Hauptstadt*: Titograd.
Staatsoberhaupt: Republikpräsident Momir Bulatovic vom ›Bund der Kommunisten 28.
Volksvertretung: Parlament mit 125 Abgeordneten. Erste Wahlen unter den Bedingungen des Mehrparteiensystems fanden am 9.12.1990 statt. Sitzverteilung: ›Bund der Kommunisten‹ 83 Sitze; ›Reformkommunisten‹ (Stankovic/Markovic) 17; ›Demokratische Koalition‹ (Muslime und Albaner) 13; ›Nationale Partei‹ 12.
Regierung: Kabinett Djukanovic vom 27.12.1990. *Regierungspräsident*: Milo Djukanovic

Serbien

Fläche: 88361 qkm. *Einwohner*: 9,31 Mio. (1981), davon 66,4% Serben, 14,0% Albaner und 19,6% Sonstige. *Hauptstadt*: Beograd (Belgrad).
Staatsoberhaupt: Republikpräsident Slobodan Milosevic, gewählt am 9.12.1990 mit 65% der Stimmen.
Volksvertretung: Parlament mit 250 Sitzen. Erste freie Wahlen fanden in zwei Wahlgängen am 9. und 23.12.1990 statt. Die ›Sozialistische Partei Serbiens‹ (SPS; Leitung: Slobodan Milosevic) erreichte 194 Sitze. Die ›Serbische Erneuerungsbewegung‹ unter Vuk Draskovic enttäuschte mit 19 Sitzen.

Regierung: Kabinett Zelenovic vom Januar 1991. *Regierungspräsident*: Dragutin Zelenovic.
Gegen erheblichen Widerstand der Kosovo-Albaner ließ Slobodan Milosevic im Juli 1990 widerrechtlich die Autonomie der beiden Provinzen Kosovo und Vojvodina aufheben.

Slowenien
Fläche: 20251 qkm. *Einwohner*: 1,829 Mio (1981). *Hauptstadt*: Ljubljana (Laibach).
Staatsoberhaupt: Republikpräsident Milan Kucan, gewählt am 22. April 1990 mit 58,4% der Stimmen.
Volksvertretung: Drei-Kammer-Parlament mit 240 Sitzen, von denen je 80 auf den ›Gesellschaftlichen Rat‹ (erste Kammer), den ›Rat der Gemeinden‹ und den ›Rat der assoziierten Arbeit‹ (aus Vertretern der selbstverwalteten Betriebe) fallen. Bei den ersten freien Parlamentswahlen, die am 8. und 22.4.1990 stattfanden, errang das Sieben-Parteien-Bündnis DEMOS mit 55% der Stimmen und mit 47 Sitzen die absolute Mehrheit in der ersten Kammer.
Regierung: Kabinett Peterle vom 16. Mai 1990.
Regierungspräsident: Lojze Peterle.

Die Parteien in Jugoslawien

Die Kommunistische Partei in Jugoslawien, seit 1952 »Bund der Kommunisten Jugoslawien« (BdKJ) war bis 1990 die einzig zugelassene Partei des Landes, die jedoch in den einzelnen Republiken jeweils eine Unterorganisation aufzuweisen hatte - z. B. »Bund der Kommunisten Slowenien« (BdK Sloweniens) oder »Bund der Kommunisten Kroatien« (BdK Kroatien). Im Zuge des Demokratisierungsprozesses hat sich der Bund der Kommunisten Jugoslawien als gesamtstaatliche Partei im Mai 1990 aufgelöst. Im Rahmen der schrittweisen Legalisierung des Mehrparteiensystems in den Republiken seit 1990 haben sich jedoch zumindest auf Repbublikebene reformierte Nachfolgeorganisationen gebildet, dazu zahlreiche andere Parteien und parteiähnliche Organsiationen. Ein kurzer Überblick:

Bundesebene:

- »Bund der Reformkräfte Jugoslawien« (SRSJ; Vorsitz: Ante Markovic)
- »Bund der Kommunistenbewegung für Jugoslawien« (Armeegeneräle)

Republikebene:

Serbien:
- »Sozialistische Partei Serbien« (SPS; ehemals BdK Serbien; Vorsitz: Slobodan Milosevic)
- »Serbische Erneuerungsbewegung« (SPO)
- »Volks- und Bauernpartei« (NSS)
- »Serbische Radikale Volkspartei« (NSRS)
- »Demokratischer Bund für Kosovo« (DSK)
- »Sozialdemokratischer Bund Kosovos« (SDSK)

Slowenien:
- »Bund der Kommunisten Slowenien - Partei der Demokratischen Reformen« (SKS-SDR; Vorsitz: Milan Kucan)

- »Vereinigte Demokratische Union Slowenien« (DEMOS; Zusammenschluß von 7 bürgerlichen Oppositionsparteien)

Kroatien:
- »Bund der Kommunisten Kroatien - Partei der Demokratischen Veränderungen« (SKH-SDP)
- »Kroatische Demokratische Gemeinschaft« (HDZ; Vorsitz: Franjo Tudjman)
- »Kroatischer Demokratischer Bund« (HDS)
- »Kroatischer Sozialliberaler Bund« (HSLS)
- »Kroatische Bauernpartei« (HSS)
- »Kroatische Volkspartei« (HNS)
- »Serbische Demokratische Partei« (SDS)
- »Serbische Erneuerungsbewegung« (SPO)

Bosnien-Herzegowina:
- »Bund der Kommunisten Bosnien u.d. Herzegowina - Partei der demokratischen Veränderung« (SKBiH-SDP)
- »Bund der Reformkräfte Jugoslawien«
- »Partei der Demokratischen Aktion« (SDA; Muslime)
- »Serbische Demokratische Partei« (SDS)
- »Kroatische Demokratische Gemeinschaft für Bosnien und Herzegowina« (HDZ BiH)

Makedonien:
- »Bund der Kommunisten Makedonien - Partei der Demokratischen Umgestaltung« (SKM-PDP)
- »Bund der Reformkräfte Makedoniens« (SRSM)
- »Bewegung für die all-makedonische Aktion« (MAAK)
- »Demokratische Partei für die makedonische nationale Einheit« (VMRO-DPMNE; gespalten: 2 Parteiführungen)
- »Partei der Demokratischen Prosperität« (PDP; Albaner)

Montenegro:
- »Bund der Kommunisten«
- »Bund der Reformkräfte Jugoslawien«
- »Demokratische Koalition« (Albaner und Muslime)
- »Montenegrinische Volkspartei« (Nationalpartei)

Literaturauswahl

Bücher:

Furtak, Robert K.: Jugoslawien - Politik, Gesellschaft, Wirtschaft; Hamburg 1975.

von Kohl, Christine: Jugoslawien; München 1990.

Damjanovic, Pero / Grothusen, Klaus-Detlev / Höpken, Wolfgang (Hrsg.): Josip Broz Tito - Ausgewählte Reden und Schriften 1928-1979; Stuttgart 1984.

Leman, Gudrun: Das jugoslawische Modell; Frankfurt am Main 1976.

Prunkl, Gottfried und Rühle, Axel: Tito; Hamburg 1973.

Rullmann, Hans Peter: Krisenherd Balkan; Hamburg 1989.

Sundhaussen, Holm: Geschichte Jugoslawien: 1918-1980; Stuttgart, Berlin, Köln, Mainz 1982.

Zeitschriftenartikel:

Bousfield, Jonathan: Yugoslavia; in: East European Reporter, Vol. 4, No. 3, 1990.

Brey, Thomas: Jugoslawien in der Zerreißprobe; in: Osteuropa; Band 39, Heft 6, 1989.

Iversen, Christian-Hans: Föderation in der Zerreißprobe; in: Blätter für deutsche und internationale Politik; Band 33, Heft 12, 1988.

Liht, Sonja: Kulturformen in Jugoslawien; in: gegenstimmen, Nr. 27/8.Jg., 1987.

Meier, Viktor: Jugoslawien - Grundlagen des Staatsaufbaus und der Verfassung; in: Europäische Rundschau; Band 17, Heft 1, 1989.

Reuter, Jens: Die politische Entwicklung in Jugoslawien; in: Aus Politik und Zeitgeschichte; Heft B6, 1988.

Reuter, Jens: Jugoslawien im Umbruch; in: Aus Politik und Zeitgeschichte; Heft 45, 1990.

Stojanovic, Svetozar: Jugoslawiens Krise und die nationale Frage; in: Europäische Rundschau; Band 16, Heft 3, 1988.

Die Autoren

Michaela Wimmer, 1962 in München geboren, studierte an der Ludwig-Maximilians-Universität München Politikwissenschaft, Volkswirtschaft und Kommunikationswissenschaft. Seit 1989 arbeitet sie als freie Journalistin für Rundfunk und Presse. Mehrere Buchveröffentlichungen.

Joachim Spiering, 1964 in Kempten geboren, studierte in München Politikwissenschaft, Volkswirtschaft und Öffentliches Recht. Seit 1990 arbeitet er in München als freier Journalist.

Stefan Braun, 1964 in Sindelfingen geboren, studierte an der Ludwig-Maximilians-Universität München Politikwissenschaft, Volkswirtschaft und Öffentliches Recht. Er lebt in München und schreibt freiberuflich für zahlreiche Zeitungen und Zeitschriften.

Alle Autoren arbeiten freiberuflich für das Medienbüro Transmitter in München.